초심자도 알기 쉬운 현상학 개념 읽기

내 머리맡의 사유

심귀연

경상국립대학교출판부

아이러니하게도 근대 철학은 시작부터 딜레마에 빠졌다. 근대 철학의 문을 열었다고 알려진 데카르트는 신의 권위에서 벗어나 학문의 자율성과 토대를 마련하기 위해 방법적 회의를 수행했다. 그 결과 명석판명한 명제인 코기토 에르고 숨cogito ergo sum을 도출했고, 결코 의심할 수 없는 '사유하는 자아'를 보편학의 토대로 삼는다. 그러나 안타깝게도 데카르트의 원대한 꿈은 스스로를 작은 세계에 가두고 말았다. 사유하는 자아는 사유 너머의 대상으로 나아갈 수 없을 정도로 단단한 껍질 속에 갇히고 말았기 때문이다. 그럼에도 불구하고 후대의 우리는 데카르트의 철학적 기획이 원대했음을 안다. 데카르트의 기획은 근대 이후의 철학자들이 쉽게 포기하지 못할 정도였다.

근대 철학자들은 데카르트의 기획을 완성하고자 노력

했다. 근대의 과제는 인간의 보편적 특성인 이성적 능력으로 대상의 객관성을 파악하고, 타자 문제를 증명하는 일이었다. 그러나 결과는 암울했다. 모든 인간에게 골고루 이성의 능력이 부여되어 있다고 믿는 데카르트의 주장을 따르는 이들은 지식의 원천을 합리적 이성에 두었지만, 그 때문에 스스로를 주관성의 영역에 가둬 버렸고, 이들 합리론자와는 달리 지식의 원천을 경험에 두려는 이들조차 경험들의 종합을 가능하게 하기 위한 이성의 능력을 모른 척할 수 없었다. 이 와중에 흄은 철저하게 경험주의적 원칙을 따랐고, 결국은 자아가 경험될 수 없는 것임을 확인하게 된다. 경험될 수 없는 것을 경험할 수 있다고 말할 수 없기 때문에 흄은 자아를 부정하는 결과를 초래한다.

데카르트의 철학이 코기토에서 출발하는데, 코기토가 부정된다면, 데카르트적인 근대 철학은 존립이 불가능하다. 헤어나올 수 없었던 이러한 상황에서 구원의 빛이 될 뻔했던 칸트가 등장했지만, 칸트 또한 이성의 틀 안에 갇혀 대상을 파악할 수밖에 없었고, 스스로 관념론자임을 보여 주고 말았다. 아쉽게도 근대적 기획은 실패했으며, 실패의 결과는 학문과 삶의 위기로 나타났다.

도대체 무엇이 문제였을까? 현상학은 근대 철학이 야기

한 결과에 더 큰 관심을 두고서 근대적 기획의 문제점을 파악하고 있다. 현상학자들은 근대 철학의 실수를 인식론적 방법론에서 찾았다. 후설에 따르면 주관과 객관이라는 이분법적 인식론이 우리의 삶을 이념화하고 수학화했기에, 삶이 훼손되었다는 것이다. '삶의 위기는 곧 학의 위기'라고 진단한 후설은 근대의 이분법적 인식론이 아닌 새로운 방법론의 필요성을 강조한다. 그것은 지향성과 환원으로서 후설 현상학의 가장 중요한 개념이기도 하다. 환원은 현상학을 보편학이자 근본학으로 정초하기 위해서 사용되었고, 지향성은 주체와 객체라는 이분법을 해체하고 지향적 의식으로 새롭게 구조화하면서 극복하고자 도입한 개념이다. 지향성은 의식 작용과 의미 대상 간의 상관적 관계, 즉 지향적 구조로 나타난다.

후설의 현상학은 하이데거와 사르트르를 거치면서 후설 현상학이 놓치고 있는 문제들을 조금씩 발견해 나갔다. 그러나 메를로-퐁티는 후설 이래 현상학이 여전히 의식과 자아 중심에서 벗어나지 못하고 있음을 지적하고 있다. 메를로-퐁티는 현상학적 방법을 통한 철학의 정립이 재시도되어야 한다는 것을 그의 대표 저서인『지각의 현상학』에서 밝히고 있다.

현상학은 다양한 관점에서 접근되었기에 현상학적 운동이라고도 한다. 특히 메를로-퐁티의 몸 현상학은 현대의 새로운 존재론에 지대한 영향을 미치고 있을 뿐 아니라, 구체적 삶의 철학이라는 측면에서 새롭게 조명되고 있다. 특히, 메를로-퐁티의 '몸'과 '살' 개념은 새로운 존재론으로 향하는 디딤돌이다.

그러나 현상학이 가지는 난해한 개념은 우리가 선뜻 현상학에 입문하기 어렵게 만든다. 그런 이유로 필자는 현상학에 관심을 가지고 접근하고자 하는 일반독자들을 위해 현상학자들이 다루는 난해한 용어들을 쉬운 일상적 언어로 풀어내려 했다.

필자는 이 책을 통해서 현상학 입문자들이 보다 더 편하고 쉽게 현상학적 사유들을 따라갈 수 있었으면 한다. 이 책의 1부에서는 대표적인 현상학자 4명의 현상학적 관점을 간단히 소개했으며, 2부의 개념 설명에서는 후설과 메를로-퐁티를 중심으로 다루었다. 가급적 이 개념들을 사례 중심으로 설명하려고 노력했고, 직관적인 이해를 돕기 위해 이미지를 곁들였다. 가급적 사례로 풀어가려 한 탓에 개념이 의미하는 바가 세밀히 설명되지 못한 경우도 있다. 개념 옆에 원어를 포함했는데, 후설과 하이데거의 중요한 개념은 독일어를 중심으로, 사르트르와 메를로-퐁티의 중요한 개념은 프랑스어를 중심으로 표기했으며, 영어 혹은 한자를 병용함으로써 의미를 도우려 했다. 또한 글과 이미지가 서로 상보적 역할을 하며 독자들에게 편하게 다가가기를 바라는 마음이다.

생동하는 봄날 어느 저녁에

심귀연

목차

저자의 말 *5

I 현상학자들의 현상학적 관점

1 후설과 의식현상학 *20
2 하이데거와 현상학적 존재론 *25
3 사르트르와 현상학적 실존론 *15
4 메를로-퐁티와 몸현상학 *29

II 스물아홉가지의 개념

1 현상; 후설, 하이데거, 사르트르, 메를로-퐁티 *41
2 현상학적 인식, 직관, 명증성 *59
3 판단 중지 *63
4 환원, 환원의 불가능성 *66
5 본질 *72
6 지향성, 지향적 구조 *80
7 시간 의식 *90
8 몸지향성 *94

9 지각 *98

10 몸주체 *105

11 고유한 몸 *109

12 주관성 *113

13 초월과 내재 *125

14 실재성 *128

15 지평 *133

16 감각과 지각적 장 *137

17 자연적 태도, 자연주의적 태도, 인격주의적 태도 *139

18 자연 *143

19 몸틀 *148

20 허체 현상, 환상지 *153

21 장애 *158

22 상호주관성, 공동주관성 *160

23 상호몸성, 상호신체성 *162

24 세계-에로-존재 *165

25 생활 세계 *168

26 지각 세계 *174

27 조건 지어진 자유 *180

28 살 *185

29 가역성, 교차배어, 키아즘 *187

나가는 글 *190

참고문헌 *194

찾아보기 *195

1 장

현상학자들의 현상학적 관점

후설E. Husserl 독 1859~1938로부터 시작된 현상학은 현상학자들 개개인이 지향하는 바는 같을지라도 접근하는 방법에는 차이가 있다.

우리는 여기에서 현상학에서 다루지 않으면 안 되는 중요한 철학자 4명을 만날 것이다. 이 책은 현상학자들이 중요하게 다루는 개념들을 확인하는 것을 목적으로 하지만 그 전에 이들 현상학자들의 관심과 그들이 현재 우리들의 삶에 어떤 영향을 미치고 있는지 검토할 것이다.

1. 후설과 의식현상학

오스트리아의 프로스니츠에서 출생한 후설은 유대인계 독일 철학자다. 나치 점령기에는 나치의 탄압으로 학술 활동에 많은 제약을 받았다. 특히 장례식에서 조문객도 없이 떠나야만 했던 그의 마지막은 외롭고도 쓸쓸했다. 후설의 사망 후 나치는 그의 원고를 모두 없애려 했지만, 반 브레다Herman Leo Van Breda 벨 1911~1974 신부가 나치의 감시를 피해 후설 부인에게서 모두 건네받아 무사히 보존할 수 있게 되었다. 1950년 벨기에 루뱅대학교에서 『후설전집』이 발간되면서 후설 현상학은 재조명받기 시작했다.

후설의 현상학은 20세기를 주도한 철학 사조 가운데 하나로 자리 잡았다. 후설이 살던 당시 철학은 심리학주의가 지배적이었다. 후설은 1891년 『산술철학』을 출판했는데, 이 시기는 후설이 심리학주의에 빠져 있을 때였다. 이후 독일의 수학자 프레게가 후설의 이러한 태도를 비판하자, 후설은 자신의 오류를 받아들이고, 새로운 철학적 방법론으로 방향을 전회한다. 프레게Gottlbo Frege 독 1848~1925는 수학이 심리학주의로부터 벗어나서 객관적으로 존재해야 한다고 주장했다. 프레게의 비판을 수용한 후설은 1900년에 『논리연구』를 출간했고, 그 이듬해에 『논리연구』 2편을 출간하면서 처음으로 '현상학'이라는 용어를 쓰기 시작한다.

후설은 심리학주의心理學主義, Psychologismus[1]의 근본적인 오류를 지적하면서 편견에서 자유로운 순수논리학의 기초를 확립하려 했다. 후설의 이러한 시도는 근대 학문이 주관주의에서 벗어나 보편적이고 객관적인 학문이 될 가능성을 보여주었다는 점에서 철학적 의미가 깊다.

후설 철학의 목표는 진리 인식 즉 본질 파악이며, 그

1 현상론, 경험주의 합리론은 진리의 객관성을 획득하려 했으나, 진리 인식의 주관성에 갇힌 탓에 주관성의 철학에서 빠져나오지 못했다. 따라서 근대 철학은 심리학주의에 빠져 있다고 볼 수 있겠다. 심리학주의란 논리학을 심적 사건으로 보는 입장을 말한다.

런 점에서 후설의 철학적 방법은 진리 인식으로 나아가기 위한 절차를 의미한다. 근대의 이분법적 인식론적 방법은 모든 것을 이념화함으로써 진리의 절대성을 촉구하지만, 후설에 따르면 근대적 방법은 오히려 삶의 진리를 은폐함으로써 위기에 이르게 한다. 후설은 이를 극복하고 새로운 방법론인 현상학적 방법을 제시한다. 후설의 현상학적 시도는 철학의 본령을 회복하는 일이다. 특히 주관과 객관이라는 이분법적 구조 아래 진리를 추구하는 근대 인식론적 방법의 문제점을 극복하고 새로운 '철학의 방법'을 모색하고자 하는 것이다.

후설의 현상학은 엄밀한 학으로서의 학, 제일철학, 보편학을 그 이념으로 하고 있다. 엄밀한 학으로서의 철학이란 '최후적 자기 책임으로부터의 철학'을 말한다. 그것은 다른 아무것에도 그 정당성의 근거를 되물어갈 필요가 없는, 궁극적으로 정초된 근원에서 시작하는 철학이다. 즉 '절대적으로 정초된 학'이 바로 '절대적 시초 위에 세워진 학'이며 '모든 철학 중의 제1철학'이다.

후설은 현상학의 이념 자체가 바로 철학의 이념이고 철학 자체라고 주장한다. 현상학의 이념은 절대적으로 정초된 엄밀한 학문이며, 그것은 현상학적 방법만으로 실현될 수 있다. 이 이념을 실현하기 위해서는 철학이 가지는 '엄밀성'에

*　**에드문트 후설**

대한 철저한 고찰이 이루어져야 한다. 엄밀함이란 무엇인가? 그것은 수학적 의미의 '정확성'을 말하는 것이 아니다. 엄밀함이란 철학이 기존의 어떠한 학문이나 진리도 전제하지 않는다는 것을 의미하고 또 그 시작부터 절대적으로 확실해야 함을 의미한다. 즉 엄밀함이란 추리의 출발점 자체의 엄밀함이다. 보편학으로서 철학은 학문의 엄밀성뿐만이 아니라 본성상 방법의 엄밀성을 요구한다. 그래서 현상학은 주관성의 분석을 통해 모든 인식과 그 타당성을 비판적으로 정초하려 한다.

현상학은 현상 일반에 관한 학문을 이른다. 앞서도 언급했듯이 절대적 정초에 입각한 학문인 보편학으로서, 의식에 '주어진 것'을 탐구하는 학문이다. 그렇다면 주어지지 않은 것은 무엇인가? 그것은 전제 혹은 가설이다. 후설은 주어지지 않은 것을 미리 판단하는 태도를 문제 삼으면서, 판단 중지할 것을 요구한다. 후설의 판단 중지는 '사실 그 자체로' 접근하기 위해 우선적으로 요구되는 태도이다.

후설 이후 하이데거는 '사물 자체에로!zu den Sachen selbst!' 라는 슬로건을 내세우게 된다. 그러나 후설은 현상학적 방법을 수행하는 과정에서 인식을 수행하는 주관인 '의식'을 포기하지 않았다. 후설이 의식의 명증성을 밝히고자 한 것은 자칫

독단에 빠질 수 있는 상황에 처할지도 모를 위험을 피하기 위해서였다. 이러한 후설의 우려가 후설 현상학을 의식현상학으로 분류하게 했고, 이로써 그의 현상학은 인식론적이면서 관념론적인 색채가 두드러졌다. 특히 후설의 현상학이 인식론적이라고 평가되는 것이 부당하지 않은 이유는 후설이 현상학적 방법인 환원을 통해 인식의 가능 근거를 물어갔기 때문이다.

후설 현상학은 이후 실존철학 등에 영향을 주었다. 후설의 전기 현상학은 선험적 관념론이지만, 그의 후기 현상학의 주제인 생활 세계를 동시에 고려한다면, 현상학적 방법은 후대 철학에 다양한 관점에서 적용될 수 있음을 알 수 있다. 그에게서 비롯된 현상학적 방법론은 하이데거, 사르트르 그리고 메를로-퐁티에게 직접적인 영향을 주었을 뿐 아니라 오늘날에도 매우 중요한 지위를 가지고 있다.

2. 하이데거와 현상학적 존재론

하이데거M. Heidegger 독 1889~1976는 후설의 제자로서 후설에게서 직접적인 영향을 받았다. 하이데거가 프라이부르크Freiburg대학에 사강사私講師로 채용된 다음 해인 1916

년, 후설이 대학으로 들어왔다, 하이데거는 1923년 마르부르크Marburg 대학으로 부임해 갈 때까지 후설의 지도를 받았다. 1928년에는 후설의 뒤를 이어 프라이부르크대학교 교수가 되었고, 1933년부터 1934년까지 총장을 지냈는데 나치에 협력했다는 이유로 추방되었다가 복귀되었다. 후설과 하이데거는 유대인과 나치 협력자라는 악연뿐 아니라, 현상학적 방법에서도 다른 길을 걸었다. 하이데거의 현상학은 실존적이며 해석학적이다. 하이데거를 실존철학자로 보는 것은 그의 대표적인 개념인 '현존재'를 실존론적으로 분석하기 때문이다. 그러나 하이데거는 실존철학자들의 관심인 '인간'보다는 '존재 자체'에 더 큰 관심이 있었다. 하이데거의 대표 저서인

『존재와 시간*Sein und Zeit*』은 마르부르크 대학에서 집필되었으며, 그는 후설에게 이 책을 '존경과 우정을 가지고' 바쳤다. 그러나 이 책을 읽은 후설은 하이데거가 현상학적 태도로 넘어오지 않았다고 보았으며 자신의 현상학을 따르지 않은 것을 알고는 매우 실망했다.

이 책에서 하이데거가 목적으로 한 바는 존재론의 확립이었으며, 하이데거에게 현상학은 이를 위한 방법론으로 도입되었다. 하이데거는 『존재와 시간』에서 철학은 존재 물음을 묻는 일이라고 말한다. 그것은 철학 일반의 기초적인 물

*　마르틴 하이데거

음의 근원을 묻는 것이다.

하이데거에 따르면 '현상학phenomenology'은 '드러난 그대로 자신을 보여 주는 것'이다. 하이데거는 이 개념을 명확히 하기 위해 그리스적 사유를 불러들인다. 현상이란 '그리스인들이 존재자라고 불렀던 것을 밝히는 것'이다. 그런 까닭에 하이데거는 현상학이라는 명칭을 '사물 자체로'라는 구호로 정식화한다. 현상은 인간 주체가 인식하는 것이 아니라 사물 자체가 스스로 자신을 드러내 보여 주는 것이다. 하이데거에게서 '사물 자체로'라는 표현은 인식에 근거를 두지 않는다. 여기에 후설과 하이데거의 차이가 있다. 인식의 근거를 묻는 후설의 선험적 주관성은 존재 자체를 묻는 하이데거에게 '세계-내-존재'라는 구조로 드러난다. 따라서 하이데거의 현상학은 존재론으로서 후설의 의식현상학과 다른 길로 접어든다.

하이데거의 현상학은 해석학적이었기 때문에 후설이 선험적 주관성으로 모든 현상을 소급하려는 데 반발하면서 인간의 인식 이전에 '현사실성'이 더 근원적임을 주장했다. 하이데거에 따르면 철학은 현상학적 존재론이어야 한다. 현상학적 존재론은 실존의 분석이며, 모든 철학적 물음의 시작과 끝이다. 따라서 하이데거의 현상학적 존재론은 존재의 출현 방식이 문제가 된다. 하이데거는 존재로의 접근이 역사적 관점에서 이해되어야 하며 현상학적 존재론이기 위해 철학은 현존재의 해석에서 출발해야 한다고 보았다.

이러한 하이데거의 입장은 후설이 보기에 매우 자연주의적 태도에 머문 인간학적 철학이었다.

후설의 평가를 기준 삼아 본다면, 하이데거의 철학은 휴머니즘적 사유 속에서 진행되었으며, 인간과 비인간 존재를 주관과 객관의 대응 관계로 보았다고밖에 볼 수 없다. 따라서 하이데거는 후설 현상학이 경계했던 이분법적 구조로 되돌아갔다고 보아야겠다. 하이데거의 생활 세계 개념은 이후 메를로-퐁티의 현상학에서 유의미하게 재해석되었지만, 그의 학문적 태도는 인간중심주의를 넘어서서 몸들 간의 지향적 관계를 통해 인간중심주의[2]를 내포하는 이분법적 태도를 넘어서고 있는 메를로-퐁티와는 매우 큰 차이를 보인다.

2 인간중심주의는 인간주의와 구별해야 한다. 인간중심주의는 인간과 자연을 구별하고, 인간을 가장 가치 있는 존재로 여기는 관점이다. 따라서 자연은 인간의 이익이나 행복을 위해 존재하는, 즉 수단으로 본다. 인간주의, 즉 휴머니즘은 라틴어의 후마니타스(humanitas)에서 유래했다. 인간성을 존중하려는 경향을 의미한다. 인문주의, 혹은 인본주의로 해석하기도 한다. 휴머니즘은 인간중심주의로 변질될 가능성이 매우 높고, 실제로 그러하다.

3. 사르트르와 현상학적 실존론

사르트르Jean-Paul Sartre 프 1905~1980는 프랑스 파리에서 태어나 1924년 고등사범학교에 입학하면서 메를로-퐁티와 인연을 맺기 시작했다. 특히 그들의 대표 저서인, 사르트르의 『존재와 무*L' être et néant*』와 메를로-퐁티의 『지각의 현상학*Phénoménologie de la perception*』은 두 사람의 깊은 철학적 인연을 잘 보여 준다.

사트르르가 현상학을 만나게 된 계기는 1933년 독일에서 귀국한 아롱Raymond Aron 프 1905~1983을 파리에 있는 몽파르나스의 카페에서 만나게 된 데에서 찾을 수 있다. 독일에서 현상학을 접한 아롱은 살구 칵테일을 마시며 사르트르와 그의 친구들에게 현상학에 대해 말해 주었다. 당시 프랑스는 데카르트René Descartes 프 1596~1659의 반성철학에 대한 비판적 입장을 가진 기류가 거세게 일어나기 시작하고 있었고, 사르트르 또한 '존재 그 자체'를 드러낼 수 있는 방법에 대해 고심하던 차였다. 그랬기에 사르트르는 아롱이 던졌던 '현상학자라면 이 칵테일에 대해 말할 수 있어야 한다'는 말을 듣고 곧장 생 미셸대로의 서점으로 달려가 레비나스Emmanuel Levinas 프 1906~1995[3]

3 레비나스는 유대교의 관점에 근거해 후설 현상학을 연구했다. 그는 타자(他者)에 대한 윤리적 책임을 강조하는 '타자윤리학'으로 잘 알려져 있다.

* 장 폴 사르트르

의 『후설 현상학에서의 직관 이론』이라는 책을 구입했다. 이때의 일은 '살구 칵테일 사건'으로 유명해졌다.

사르트르는 실존철학자이자 소설가이지만, 그를 철학자의 반열에 오르게 한 책은 『존재와 무』이다. 이 책의 부제목은 '현상학적 존재론을 위한 시론'이다. 부제목이 보여 주듯 사르트르는 현상학적 바탕에서 이 책을 서술했다. 그의 관심은 존재, 특히 인간 존재와 삶의 문제였고, 의식의 차원에서 이 문제들을 풀어 가려 했다. 사르트르는 전통적인 형이상학적 존재를 부정했으며, 인간 존재의 필연성을 인정하지 않았다.

사르트르에 따르면 인간은 그저 우연히 세상에 던져진 존재이지, 어떤 필연적 이유를 가지고 세상에 태어난 존재가 아니다. 이후에 펼쳐지는 삶 또한 우연의 연속일 뿐 필연은 없다. 만일 있다면 그 우연의 연속이 필연을 만들어 냈을 뿐이다. 인간은 이와 같은 우연적 계기 속에 드러나는 실존적 존재이다.

사르트르에게 세계는 의식이 대상과 마주치면서 나타나는 현상이다. 다만 즉자존재卽自存在, an Sichsein, in it-self와 대자

존재對自存在, Füsichsein, for-the-itself[4]의 해명 방식에서 변증법적 방법을 따르고 있다는 점에서 사르트르는 헤겔Georg Wilhelm Friedrich Hegel 독 1770~1831의 『정신현상학*Phanomenologie des Geistes*』의 영향을 받고 있음을 알 수 있다. 사르트르가 현상학적 방법을 선택한 것은 근대 철학이 우리의 삶을 추상화하고 이념화했다고 비판하는 후설의 관점과 크게 다르지 않다.

현상학이 프랑스에 소개가 되었을 때, 현상학은 엄밀한 의미에서 후설적 현상학이라기보다는 하이데거적 현상학과 더 가깝다. 다만 후설 현상학을 염두에 둔다면, 의식에 집중한 초기 현상학보다는 생활 세계를 강조하는 후기 현상학에 가깝다. 후설의 생활 세계는 하이데거에게서도 다시 나타난다. 사르트르는 현상 개념의 분석에서 실존적 방식을 따르고 있다. 사르트르의 현상학이 비록 실존적인 문제로 좁아진다고 하더라도, 그가 현상에 집중한다는 점에서 그는 여전히 현상학적 계열에 속한다.

4 즉자(卽自)는 자연 혹은 사물을 가리킨다. 독립적으로 존재하는 상태이다. 정반합이라는 변증법에서 '정(正)'에 해당한다. 대자(對自)는 인간 의식을 가리킨다. 의식은 언제나 대상적 존재를 통해 자신을 드러낸다. 사르트르는 대자를 자기의식을 가진 인간 존재로 이해한다.

4. 메를로-퐁티와 몸현상학

메를로-퐁티Maurice Merleau-Ponty(프) 1908~1961는 로슈포르에서 태어났다. 메를로-퐁티는 1929년에는 소르본대학에서 후설 강연이 강연은 『데카르트적 성찰』로 출판되었다을 들었으며, 1933년 파리로 망명한 후설의 제자였던 구르비치Aron Gurwitsch, 리투아니아 출신, 1901~1973[5]가 행한 게슈탈트 심리학과 현상학 강의를 들었다.

메를로-퐁티의 관심은 후설의 의식현상학이 아닌 후기의 생활 세계였다. 다만 메를로-퐁티는 생활 세계를 지각 세계로 이해한다. 왜냐하면 후설의 생활 세계는 하이데거에서의 생활 세계와 마찬가지로 인간을 중심으로 하는 주변 세계에 지나지 않기 때문이다. 메를로-퐁티는 게슈탈트 이론Gestalt-theorie[6]을 도입하면서 무늬와 배경의 교차 가능성에 대해서 집중하고 있다.

어느 날 친구와 함께 수목원에 갔었다. 봄꽃들이 앞

---

5 구르비치는 후설의 제자이지만, 후설의 현상학에서 선험적(초월론적) 자아와 휠레(질료) 개념에 대해서는 비판적인 입장이었다. 그러나 후설에게서 나타나는 실존주의적 입장에 대해서는 의식 분석의 우위를 주장하면서 후설적인 입장을 옹호했다. 구르비치의 게슈탈트적 입장은 메를로-퐁티의 전기와 후기에 큰 영향을 주었다.

6 게슈탈트 이론은 베를린 대학을 중심으로 베르트하이머, 쾰러, 코프카, 레빈 등이 주장하는 전체론적인 입장을 가진다. 게슈탈르 이론의 기본 테제는 '전체 특성은 부분의 총합으로 환원될 수 없다'이다.

* **초록과 노랑 그리고 하양이 어우러진 수선화가 피어있는 광경은 아름답다. 한뿌리를 캐어 아파트 베란다에 둔다면 풍경은 변할 것이다. 수선화는 여전히 노랗겠지만 다른 노랑이 된다. '나는 누구와 함께 무엇이 될까?'** Tanigami Kônan, 「Daffodil woodblock」, 『Soka Zufu Seiyo』, 1917.

을 다투어 피어 있었는데, 특히 연못가에 피어 있는 수선화는 더욱 아름다웠다. 역시 '봄꽃은 수선화지'라고 생각하며, 아름다운 정경에 취해 있는데, 같이 간 친구의 눈에는 수선화가 들어오지 않았던 모양이다. 친구는 수목원의 한 켠에 자리해 있던 홍매화에 빠져 있었다. 다양한 홍매화를 볼 수 있었다는 사실에 흥분한 친구는 그날의 수목원 산책을 홍매화를 만났던 날로 기억하고 있다.

같은 날, 같은 장소에 있었던 나와 친구의 기억은 같지 않았다. 내게는 수선화가 무늬였고, 홍매화를 비롯한 그날의 모든 것이 배경이 되었다. 그러나 친구에게는 홍매화가 무늬였고 나머지는 배경으로 물러났다. 경우에 따라서는 그날 우연히 만났던, 오랫동안 그리워했던 친구가 무늬가 되고, 수선화와 홍매화 모두 배경이 될 수도 있다. 이처럼 메를로-퐁티는 인간을 제외한 환경을 주변으로 두지 않았으며, 인간도 다른 존재들의 주변 혹은 환경이 될 수 있다고 본 것이다.

메를로-퐁티는 『지각의 현상학*Phénoménologie de la perception*』의 서문에서 자신의 현상학을 전개하기에 앞서 자신의 현상학이 후설 현상학과 어떤 차이가 있는지 설명하고 있다. 특히 하이데거의 생활 세계가 후설의 생활 세계에 머물러 있다고 보았다. 그뿐만 아니라 후설 현상학에서 중요한 개념들, 예를 들자면 환원과 지향성이 메를로-퐁티 자신과는 현저한 차이가 있음을 밝히고 있다. 그뿐만 아니라 메를로-퐁티는 후설이 기획한 현상학이 여러 현상학자들에 의해 전개됨에도 불구하고 완결되지 못하고 있다고 보았다.

후기의 후설이 비록 생활 세계의 구체성에 관심을 가지고 새로운 시도를 했다고 할지라도 후설 현상학은 여전히 의식현상학이다. 반면에 메를로-퐁티의 현상학은 후설과 달리 몸현상학이라 할 수 있다. 이때 의식과 몸은 대립되는 개념이 아니라 전혀 다른 개념으로 이해되어야 한다. 즉 몸은 의식과 상관적인 위치에 있지 않다. 몸은 대상이 아니라 그 자체로 주체이기 때문이다. 메를로-퐁티에게 몸은 의식 혹은 정신과 분리되지 않은, 몸주체이다.

메를로-퐁티가 『지각의 현상학』에서 지각 이론을 몸 이론이라고 말한 것에서 우리는 그의 의도를 확인할 수 있다. 우리는 그가 중요한 문제로 다루기 시작한 지점이 '몸'이라는 사실을 주목해야 한다. 메를로-퐁티의 현상학을 몸현상학이라 하고,『지각의 현상학』에서 '지각'과 '몸'의 문제를 중심으로 존재를 재해석하는 것은 지각을 근원적인 것으로 파악하기 때문이다.

근대적 이성은 감각을 종합해 지각하지만, 메를로-퐁

티에게 몸은 감각의 종합이 아니라 정서적affective 대상이자 정서적 주체이다. 그러므로 메를로-퐁티에게서 지각은 이성적 판단이 아닌 정서적 이해, 느낌과 같다. 다시 말해 지각은 몸이자 감각sence, feeling인데 이 감각이 바로 몸의 느낌으로 이해되기 때문이다. 그러므로 메를로-퐁티가 지각이 몸이라고 말하는 것은 지각이 더 이상 인식론적 차원에서 설명될 수 없다고 말하기 위함일 것이다. 메를로-퐁티가 말하고자 하는 몸은 객관적인 몸이 아니라 독특하고 구체적인 몸이다. 몸에 대한 메를로-퐁티의 접근 방식은 현대의 새로운 존재론으로 향하는 디딤돌 역할을 한다.

메를로-퐁티는 『지각의 현상학』 서문에서 후설 현상학을 순수기술, 현상학적 환원, 형상적 환원 및 지향성으로 네 분류하면서 비판하는데, 비판의 핵심은 후설이 의식 중심적이라는 점에 있다. 간단히 정리하자면, 다음과 같다. 현상학이 본질학이긴 하나 그 본질은 '사실성'에서 출발해야 한다. 다시 말하자면 현상학은 본질을 존재의 자리로 되돌려 놓는 철학이다. 현상학은 설명이나 분석이 아니라 기술 혹은 묘사할 것을 요구한다. 현상학이 기술하고자 하는 것은 지각되고 체험되는 세계이다. 현상학은 경험의 심리적 기원이나 그것의 인과관계에는 아무런 관심이 없다. 다시 말해 꽃이 피는 이

* **모리스 메를로-퐁티**

유가 중요하지 않으며 내가 누군가를 사랑하게 되었다면, 그 사랑이라는 감정이 어디에서 나오는 것인가에 대해서는 전혀 관심이 없다는 것이다. 현상학에서는 꽃이 피고 있는 사실, 사랑하고 있다는 사실이 더 중요하다. 현상학적으로 철학한다는 것은 이론 이전의, 다시 말해 이론의 뿌리가 되는 일상적 경험으로 되돌아가려는 시도이다. 정리하자면 메를로-퐁티는 후설의 의식 지향성이 아닌 체험하는 지향성, 즉 몸 지향성을 받아들인다. 이때의 몸은 고유하고 독특한 몸이다.

특히 메를로-퐁티의 세계-에로-존재가 하이데거의 세계-내-존재와 구별되는 것은 메를로-퐁티에게 세계는 몸들의 얽힘이기 때문이다. 메를로-퐁티의 몸에 대한 이러한 접근은 인간 몸을 넘어 비인간 존재의 몸마저 고려한다고 볼 수 있다. 그런 점에서 메를로-퐁티의 현상학은 포스트휴머니즘적 관점[7]과 신유물론적[8] 관점에서 확대 해석될 수 있는 가능성을 가지고 있다고 볼 수 있겠다.

신유물론적 관점이라고 보는 것은 메를로-퐁티의 몸

7 포스트휴머니즘은 근대의 휴머니즘에 대한 비판적 사유 과정에서 등장했다. 포스트휴머니즘은 인간 강화를 주장하는 트랜스휴머니즘과 탈인간중심주의를 주장하는 비판적 포스트휴머니즘으로 나뉜다. 여기서 말하는 포스트휴머니즘은 비판적 포스트휴머니즘을 의미한다.

8 신유물론적 관점은 21세기에 떠오르기 시작한 사유 중 하나이며, 물질에 대한 새로운 개념을 정립한다.

이 물질성을 가지기는 하지만, 그 몸성을 전통적인 의미에서의 유물론적[9]이라고 볼 수는 없기 때문이다. 우리는 다시금 몸이 고유한 몸이며 몸주체로서 이해되어야 한다는 점에 주목해야 할 것이다. 몸이 곧 정신이라는 의미에서 받아들여서는 안 되며, 몸은 그 자체로 지향성을 가지고 있기에 몸주체이며, 능동적이라는 점에서 잠재적 능력을 가지고 있다고 받아들여야 한다. 다시 말하자면 우리는 메를로-퐁티의 '몸'이라는 물질성을 유물론적으로도 볼 필요가 없으며, 그렇다고 관념론적으로 볼 이유도 없다. 메를로-퐁티는 몸개념으로 관념과 실재라는 딜레마에서 벗어날 수 있게 되었다. 메를로-퐁티는 관념적인 것과 실재적인 것 중 하나를 택하는 것은 사물의 본질을 왜곡하는 것이라 보았다.

메를로-퐁티가 후설의 환원에 문제를 제기한 것은 바로 이 때문이다. 어떻게 완전한 환원이 가능할 것인가? 후설은 환원을 통해 선험적 자아를 발견하려 하지만, 애초에 선험적 자아는 존재하지 않는다.

메를로-퐁티는 초기의 지각 현상학에 머물지 않고 살의 존재론으로 넘어간다. 만일 몸과 살을 메를로-퐁티가 게

9 전통적 유물론은 관념론과 대립되는 철학적 입장이다. 유물론자들은 정신과 의식은 물질에 기초해 성립한다고 말한다. 이들은 자연이 의식 밖에 존재하고 있다는 것에 동의한다.

슈탈트 이론에서 전경무늬과 배경을 설명할 때처럼 분리해서 이해한다면, 메를로-퐁티를 제대로 이해했다고 볼 수 없다. 살을 통해 몸의 보편성을 확보한다고 하더라도 살은 몸 살과 세계 살로 이해되어야 하므로 구체성을 상실한 추상이 아니다우리는 살과 몸의 문제를 2부 개념에서 좀 더 상세히 다룰 것이다. 이로써 '살' 존재론은 생동하는 물질이라는 의미로서의 보편성을 획득할 수 있게 되었다.

2 장

스물아홉가지의 개념

1 현상現象, phenomenon; 후설, 하이데거, 사르트르, 메를로-퐁티

현상학에서 가장 먼저 만나게 되는 개념이 '현상'이다. 여기서 주의깊게 봐야할 부분은 현상론現象論, phenomenalism[10]이 아니라 현상'학'現象學, phenomenlogy[11]이다. 현상론에서 현상은, 주관과 객관의 이분법이라고 하는 근대의 인식론적 구조에서 이해되는 심리학주의에서의 현상이므로, 인식론에 대한 비판적 태도를 가지고 현상을 접하는 현상학과는 분명 구별되는 개념이다. 후설이 현상학이라 명명하기 이전에, 후설 또한 심리학주의에 경도되어 있었다. 후설은 프레게의 비판을 통해 자신의 오류를 인지하게 되었으며, 심리학주의로부터 벗어나려는 노력을 통해 현상론이 아닌 현상학을 등장시키

10 현상론자들은 우리가 파악할 수 있는 것은 현상뿐이라고 주장한다. 현상론자들로는 버클리(주관적 관념론)나, 마하(경험비판론) 그리고 흄(불가지론)을 들 수 있다. 버클리는 세계를 관념을 총계로 보며, 마하는 세계를 감각의 복합으로 본다. 흄은 경험할 수 없는 것은 알 수 없다고 말한다.

11 현상학은 독일의 철학자 에드문트 후설에 의해 창시되었다.

게 된 것이다.

근대 철학은 객관적이고 보편적인 학문을 추구하려 했으나, 근대 철학의 이원론적 인식 구조는 근대 인식론을 주관의 철학에 머무르게 했다. 그리고 이를 극복하려는 것이 근대 철학의 중요한 과제가 되었다.

우리가 여기서 말하려고 하는 '현상'은, 현상론이 아니라, 현상학에서의 현상이다. 현상의 사전적 의미는 '나타난 상, 또는 이미지'이다. 현상학에서의 현상은 본질이지만, 고대 철학자 플라톤은 현상을 하나의 '이미지'로서, 허상으로 보았다. 현상이 그 자체로 드러나는 것이 아니다. 감각 기관을 통해 들어온 무언가의 이미지가 마음에 들어오게 된다는 것이다. 그 이미지는 모두에게 동일한 이미지가 아니기에 개별적이고 주관적일 수밖에 없다. 예를 들어 4월 초에 개화하기 시작하는 벚꽃은 일반적으로 우리를 기쁘게 하지만, 때와 장소에 따라 혹은, 나의 컨디션에 따라 다르게 보인다. 따라서 감각을 통해 알려지는 이미지의 세계는 늘 변화하기에 진리의 세계와 부합하지 않는다. 그래서 플라톤은 현상계를 가상 세계라고 했다. 그렇다면 가상 세계가 아닌 진짜 세계가 따로 있다는 말인데, 그 세계는 가상 세계와 달리 변하지 않는 본질 혹은 진리의 세계가 될 것이다. 여기 내가 가지고 있는 그림이 카피본이라고 한다면, 그것을 가능하게 하는 원본이 존재한다는 말과 같다. 원본은 오직 하나이지만, 카피본은 여러 개가 나올 수 있다. 그래서 카피본은 진짜가 아니다.

플라톤Platon, 아네테, 기원전 427~347은 현상의 배후에 존재하는 본질의 세계를 이데아계라 명명했다. 인간의 감각은 신뢰할 수 없기에 감각이 아닌 오직 이성으로만 파악될 수 있는 세계가 이데아계이다. 그렇다면 감각적 경험 없이 어떻게 이성만으로 이데아계가 우리에게 알려지게 되는 것일까? 플라톤은 '상기설'을 가지고 나온다. 본질은 이미 존재했던 것인데, 인간이 육체적 감각에 빠져 있었던 탓에 그것을 인지하지 못했을 뿐이다. 그러나 그것을 알 수 있는 능력을 갈고닦는다면 이데아계를 알게 된다. 즉 인간의 감각 기능이 이데아계를 볼 수 없게 가리고 말았으니, 감각적 삶을 초월해 이성적 능력을 강화한다면, 잊고 있었던 진리가 마치 안개가 걷혀 세상이 드러나듯 그렇게 내 앞에 나타나게 된다는 것이다. 플라톤은 상기설을 이데아론으로 체계화했다. 이후 플라톤의 철학과 세계관은 이후 서양철학사를 지배해 왔다.

그리스가 무너지고 헬레니즘 시대를 거쳐 중세에 이르러 플라톤과 아리스토텔레스는 신학의 중요한 이론적 틀이 되었다. 특히 철학은 신적 권위와 신념에 의해 그 지위가 확보되는 상황에 이른다. 근대 철학자 데카르트René Descartes 프 1596~1650는 학문을 확실성의 토대 위에 새롭게 정립하고자 무전제로서의 학의 출발을 기원했다. 데카르트의 코기토cogito는 그러한 기원의 출발점이자 근거가 되었다.

데카르트에게 코기토는 사유하는 자아로 명석 판명한 '순수자아'이다. 인간의 사유 활동만이 대상을 파악할 수 있다. 그렇기 때문에 사유되지 않은 것은 알 도리가 없다. 알 수 없는 것을 안다고 하는 것은 오류가 된다. 근대 인식론은 인간 이성의 한계와 앎의 조건을 검토하는 것에 집중한다. 인간 이성의 한계와 앎의 조건은 '경험'과 '경험적 대상' 이다.

길을 가다 나를 향한 어떤 시선에 끌려 돌아보니 고양이가 물끄러미 나를 쳐다보고 있다. 고양이는 정말 귀엽다. 고양이의 귀여움은, 고양이가 내 눈앞에 있기 때문에 느낄 수 있는 감정이다. 맛있는 것을 먹고 맛있다고 말하고, 예쁜 것을 보고 예쁘다고 말하는 것은 너무도 당연하다. 그것이 왜 맛있고, 왜 예쁘냐고 물어본다면 설명이야 하겠지만, 그 설명이 대상을 정확히 드러냈는지에 대해서는 알 수 없다. 어쨌건 내가 고양이를 귀여워할 수 있는 것은 시각에 의해, 청각에 의해서다. 근대 인식론의 설명에 따르자면 감각적 경험으로 내게 들어온 이미지들의 종합이 나에게 그것이 고양이라는 것을 지각하게 한다. 그러나 문제는 내가 감각하는 그 대상이 어쩌면 나의 눈에만 고양이로 보일 수 있다는 점을 간과할 수 없다. 만일 그렇다 하더라도 어쩔 수 없다. 적어도 내게는 고양이로 보이기 때문이다. 다른 누군가에게도 내가 보듯 똑같이 보인다는 믿음만이 그 고양이의 객관성을 확보할 수 있다.

나는 사유하는 주체이며, 나에 의해 지각되는 모든 것들은 대상이 된다. 근대 인식론의 이분법적 구조는 사유하는 주체에 의해 포착되는 대상 간의 관계를 나타난다. 이때 근대 철학자인 경험론자들은 지각의 원천이 오롯이 경험에 있다고 말하며, 합리론자들은 지각의 가능 근거가 이성이라고 말한다.

그런데 여기서 문제가 발생한다. 앞서도 말했듯이 지각된 것은 나의 경험이거나, 나의 사유 활동이다. 그렇기 때문에 지각은 매우 주관적이다. 나에게 지각된 것이 다른 사람에게 지각된 것과 같을 때 비로소 그것은 객관적 대상으로서의 의미를 가질 수 있다. 그러니 근대 철학은 지각 활동을 통해서 우리에게 현상되는 것이 어떻게 객관적일 수 있는지를 답하지 않으면 안 된다. 잠시 인식론적 구조를 다음의 이미지에서 확인해 보자.

그림에서 보듯 지각된 대상인 나무의 '실재'를, 지각

* **한 여인이 나무를 바라보고 있다. 이 여인이 바라보는 나무는 이 여인의 눈을 통해 '이미지'로 남는다. 여인에게 알려진 것은 '나무'라는 이미지일 뿐, 그것이 실재로 어떤 모습인지 알 방법이 없다.** 클로드 모네(Claude Monet), 「정원 속 여인, Jeanne-Marguerite Lecadre in the garden Sainte」, 1866, 상트페테르부르크에르미타주박물관.

하는 사람은 결코 알 수 없다. 그저 자신의 감각 기관을 통해 지각된 것현상만을 알 수 있을 뿐이다. 감기가 걸려 코가 막혔다면, 비록 향기로운 차라고 해도 그 차의 향기를 알 수 없다. 컨디션이 좋지 않다면 아무리 달콤한 음식이라도 쓰게 느껴질 수 있다.

근대인에게 현상은 대상의 이미지가 마음에 맺힌 것이기에 심리적 상태에 지나지 않으며, 그것이 감각 경험을 통해 들어온 것이라 할지라도 그 경험의 정도가 개별자마다 다르기에 객관성을 얻기가 어려웠다. 결국 근대인은 구체적이고 개별적인 사건들을 추상화함으로써 현상을 관념화하고 이론화했다. 이렇게 객관성을 확보하려 했지만, 그것이 구체성을 상실한 허상에 지나지 않음을 현상학자들은 간파하고 있다.

그렇다고 해서 현상학자들 모두가 현상 개념을 동일하게 사용하고 있지는 않다. 따라서 우리는 먼저 후설, 하이데거, 사르트르, 메를로-퐁티가 어떻게 '현상'을 이해하고 있는지 살펴볼 것이다.

후설 현상학에서 현상의 문제는 본질의 문제이며, 심리학에서는 심적 사실의 문제이다.

간단한 예를 들어보자.

책상 위에는 엊그제 친구와 함께 서점에 들러 사 온 엽서가 한 장 있다. 근대 철학자들은 이 엽서를 감각 지각을 통해 내 의식에 인식된다고 보았다. 그런데 우리가 이미 알고 있듯이 우리는 자신이 보고 싶은 것을 보는 경향이 있다. 보고 싶다는 것은 이미 그것을 보아야 한다는 것을 전제로 한다. 그것은 엽서에 대한 기존의 지식들이다. 이것은 일종의 편견인데, 우리는 편견을 가지고 이 엽서를 대하는 것이다. 그러니까 엽서는 엽서로서 특별한 역할이 있다고 미리 전제하고 보게 된다. 물론 인간만이 실존이라는 입장에서 볼 때, 사물은 당연히 인간에 의해 규정된 대상이기에 엽서는 엽서로서의 역할이 있다. 그러나 후설의 관점에서 본다면 기존의 모든 편견이나 관념에서 벗어나 '사물 자체'를 직관해야 한다고 말하므로, 엽서는 다양한 변경체로 이해될 수 있다.

사물 자체를 직관한다는 말은 무슨 의미일까? 잘 생각해 보자.

이 엽서는 그냥 엽서가 아니다. '소식을 전달하는 역할'을 주로 하긴 하지만, 우리는 엽서 한 장을 그렇게만 대하지는 않는다. 특히 이 엽서에 대한 나의 감정은 남다르다. 오랜만에 만났던 친구와 함께한 추억이 이 엽서에 묻어 있기 때문이다. 똑같은 그림의 엽서가 진열되어 있을 것이다. 다른 누군가도 이 엽서를 사서 갔을 것이다. 그러나 내게 있는 이 엽서와 또 다른 누군가가 사 갔을 엽서는 같은 엽서가 아니다.

내게 있는 이 엽서는 나만의 엽서, 즉 '심적 사실'로서 엽서이므로 주관성의 영역 속에 포착된 현상이다. 그렇다면 이 엽서의 객관성은 어떻게 확보될 수 있을까? 객관성을 확보하는 것이 최상의 목적인 근대 철학에서는 엽서의 구체성을 삭제하려 한다. 나의 엽서 또는 너의 엽서와 같은 구별지를 없애고, 어떤 감정이나 서사가 들어가지 않은 무미건조한 엽서가 되어야 한다. 이제 이 엽서는 그저 '하나의' 엽서일 뿐이다. 그 엽서에는 어떤 서사도 없다. 삶이 없다. 이제 이 객관성이라는 것을 거둬 두고 구체성으로 접근해 보자. 그렇다면 주관의 영역인 심적 사실만 남는 것일까? 후설에게 현상은 단지 하나의 심적 사실로만 머물지 않는다. 이 엽서는 구체성이 제거된 엽서도 아니며, 그렇다고 해서 무미건조한, 어떤 깊이도 가지지 않은 엽서도 아니다. 이 엽서는 수없이 많은 의미들을 품고 있다. 우리는 이미 알고 있지 않은가. 엽서에 스며든 수없이 많은 의미들을. 이 엽서에는 사랑의 메시지도 담길 것이며, 이별의 슬픔도 담길 것이다. 그뿐인가? 엽서는 이국땅의 소식을 전하는 반가운 친구의 얼굴이기도 하다. 엽서가 내포하고 있는 수없이 많은 의미들이 이 엽서의 보편성을 담보한다. 엽서는 이처럼 의미 대상으로 존재한다. 그리고 우리는 그것을 직관적으로 파악하는 것이다.

또는 늦봄에 만나는 라일락은 어떤가. 바람에 실려 오는 익숙한 향기가 라일락향이라는 것을 인지했을 때, 나는 두리번거리며 그 향기가 시작된 곳을 찾는다. 분명 어제도 이 길을 지났겠지만, 나는 왜 어제는 그 향을 못 맡았을까? 라일락은 늘 그 자리에서 같은 시기에 향과 자태로 나를 유혹하지만, 그 향과 자태가 매년 똑같지만은 않다. 그뿐만 아니라 수목원에서도 동네 어귀에서도 만나는 라일락은 조금씩 그 모습이 다르다. 그럼에도 나는 단번에 라일락을 알아본다. 엽서가 매번 다른 얼굴로, 라일락이 매번 다른 빛으로 내 마음에 맺히더라도 나는 그것이 엽서임을 그리고 라일락임을 안다. 이처럼 자유로운 변경[12]에도 불구하고 변하지 않는 그것을 본질이라 하며, 이 본질은 본질직관의 방식으로 파악된다. 그러므로 후설에게 현상은 단지 하나의 심적 사실이 아닌, '본질'로서 이해된다.

하이데거는 노에마-노에시스라는 지향적 구조가 아

12 자유로운 변경은 어떤 대상이 다양한 모습으로 드러나는 상황을 의미한다. 길에서 우연히 만난 생물체가 고양이 임을 아는 것도, 고양이라는 유사한 상(像)이 상상의 상으로 즉 고양이로 직관되는 모두 고양이라고 하는 본질, 즉 근원적 상(Urbild)에 구체적으로 유사하기 때문이다.

닌 '현상' 자체에 집중하라고 한다. 그리하여 현상학은 존재론적 차원에서 '사물 자체로' 돌아가야 하는 과제를 가진다. 하이데거의 현상 개념을 확인하기 위해 우리는 그의 대표 저서, 『존재와 시간』 중 7절을 살펴볼 필요가 있다. 이 책에서 그는 '현상' 개념의 분석을 세밀히 하고 있다. 왜냐하면 현상학은 현상에 관한 학문이기 때문이다. 현상학적 방법이 '철학 일반의 기초적인 물음의 근원'을 밝히기 위한 방법이라면, 현상은 바로 그 근원에 해당한다. 따라서 현상학에서는 존재 자체, 즉 존재의 드러남에 대한 어원적 분석이 중요하다.

현상은 파이노메논phainomenon을 어원으로 한다. 파이노메논은 '자기를 나타내는 바로 그것, 자기 시현示現을 하는 것, 드러난 것, 즉 스스로 드러나는 것das Sich-an-ijm-selbst-zeigende'이다. 그런데 파이노메논에는 빛, 혹은 밝음이라는 의미만 있는 것이 아니라, '가상' 혹은 '외형적인 것'이라는 뜻도 있다.

그러므로 현상이라는 개념을 보다 더 잘 이해하기 위해서 현상의 몇 가지 양상을 구별해 파악해야 할 것이다.

예를 들어, 저녁에 목이 칼칼하고 잔기침이 나면 그저 건조한 탓이거나 감기기운이 있나 보다 생각하며 넘어갈 일이다. 그러나 지금과 같은 팬데믹 상황에서는 혹시나 하는 마음이 들 수밖에 없다. 어쩌면 목 아픔과 잔기침은 코로나 바이러스 감염을 고지告知할 수 있기 때문이다. 이러한 목 아픔과 잔기침을 하이데거는 현상Erscheinung이라 하다.

이처럼 자기를 나타내지 않으면서 '나타내는' 일이 있고, 알리는 것 자체이지만, 알려지는 것 속에서 자기를 나타내지 않는 어떤 것을 암시하는 것이 있다. 예를 들어, 기침과 열은 코로나의 일반적인 증상이지만 일반적 감기와도 같다. 우리는 정확한 상태를 알기 위해 'PCR 검사'를 한다. 기침과 열 자체로는 코로나 바이러스 감염 상태를 확증할 수 없지만, 그것을 암시할 수는 있다. 이때 기침과 열은 단순한 현상bloßer Erscheinung이다.

기침과 열은 알리는 것 자체이지만, 그것의 근원적인 의미를 암시하고만 있다. 그런데 검사 결과 음성이며, 단순 감기였다고 하자. 이때 열과 기침으로 인해 코로나 바이러스 감염처럼 보이는 것, 이것이 Schein, 즉 가상假像이다. 물론 이 가상에도 열과 기침이라는 근원적 의미가 포함되어 있다. 가상이란 마치 실제처럼 보이지만, 그렇지 않은 것을 의미한다. 따라서 이것을 현상의 결여적 변양變樣, privative Modifikation이라고도 한다.

현상은 가상, 나타남, 단순한 나타남과 같은 명칭으로 불린다. 현상의 현상학적인 개념은 자기를 나타내는 것으로서, 존재자의 존재, 존재자의 존재라는 의미 혹은 존재의 모든 변양이나 파생태를 가리키고 있다. 그렇기에 존재자의 존재는 나타나지 않은 어떤 것이 그 배후에 있을 수 없다. 배후에 무언가가 숨겨져 있지는 않지만, 현상되어야 할 것이 드러나지 않을 수는 있다. 하이데거는 드러나지 않은 것을 '은폐'라고 말한다.

사르트르는 근대의 인식론이 존재를 외면과 내면으로 구별함으로써 문제를 일으킨다고 보고 있다. 현상학자인 사르트르는 현상의 배후에 혹은 그 이면에 어떤 다른 본질이 있다는 주장을 거부하고 있다. 구별을 하자면, '존재 현상과 현상의 존재' 간의 구별이다. 그러나 그 구별을 설명하기 전에 나타남현상이란 무엇인가에 대해 먼저 확인할 필요가 있겠다. 나타남이란 무엇인가? 사르트르는 『존재와 무』에서 "나타남은 수많은 나타남의 모든 연쇄를 가리키는 것이지, 존재하는 것의 전 존재를 독차지하는 숨은 실재를 가리키는 것은 아니다"라고 말하고 있다.

나타남의 배후에 어떤 존재를 상정하지 않은, 이 나타남은 그 자체로 확실성이 된다. 본질은 바로 이 나타나는 '것'이며, 개별적 대상들의 나타남의 무한한 연쇄에 의해 발견된다. 즉 나타남의 연쇄에서 발견된다. 여기서 존재 현상이 존재의 나타남이며, 현상의 존재는 나타남의 존재이다. 따라서 사르트르에게서 존재론은 매개 없이 존재 현상을 기술하는 것이다. 존재론적 연구에서 만나는 최초의 존재가 나타남의 존재이다.

현상 혹은 나타남은 자신을 나타내는 것이다. 이때 드러난 자신이 곧 본질 자체이다. 존재는 무언가의 방법으로 다른 사람들에게 자신을 나타내는 것이다. 중요한 것은 현상의 존재나타남의 존재는 존재 현상존재의 나타남으로 환원될 수 없다는 점이다. 예를 들어 보면, 나는 실존 자체이다. 나는 지금 여기 당신 앞에 서 있는 '사람'이라는 의미이다. 어제와 오늘이 달라도, 그 달라진 모습에서 내가 발견된다면, 그것을 나의 본질이라 하겠다. 그렇다고 해서 이때 발견된 내 모습이, 변하는 내 모습의 배후에서 나를 나이게끔 해 주는 무엇이 있기 때문이라고 말하는 것은 아니다. 만일 변덕스러운 나의 모습을 보고도 나를 모른다면, 그것은 변덕스러운 모습의 배후에 감춰진 나를 발견하지 못했기 때문이 아니라, 무수히 나를 드러냈음에도 나를 알아보지 못했기 때문이다.

"나는 실존한다." 이 실존이 '나타남 자체'이다. 그리고 '나타남 자체'를 존재의 나타남이라 한다. 나는 오늘의 나이며, 내일의 나이다. 내일의 나는, 내일이 되어야 나타날 것이다. 오늘과 내일의 나를 동일한 나이게끔 하는 무엇인가가 있어야 한다는 생각은 환상일 뿐이다.

메를로-퐁티 또한 현상을 설명할 때, 후설과 하이데거가 취하고 있는 '사물 자체로'라는 공식을 그대로 적용한다. 그에게 현상은 존재 자체이기는 하나, 배경과의 얽힘의 과정에서 드러난다.

후설의 경우, 현상을 제대로 드러내기 위해서는 자유로운 변경을 통해서 변하지 않는 본질을 파악하는 것이 중요하다고 했다. 그래서 심적 현상과 구별을 했다. 그러나 메를로-퐁티는 자유로운 변경이 의미하는 바를 보다 근원적인 것에서 파악한다. 구체적으로 말하자면 메를로-퐁티의 현상은 현상의 장le champ phénoménal으로 드러난다는 것이다.

메를로-퐁티의 현상, 다시 말해 현상적 장은 게슈탈트 이론에서의 무늬와 배경과의 관계를 이해할 때 분명하게 이해될 것이다. 우리는 붉은색에 대해 말할 수 있지만, 그 붉은색이 장미의 붉음인지 노을의 붉음인지를 말하지 않으면 붉음에 대해 말할 수 없는 것과 같다. 마찬가지로, 장미를 좋아한다고 말할 때 그 장미가 노란 장미인지 붉은 장미인지에

* **사람은 누구나 가면을 쓰고 있다. 그 가면의 수가 몇 개인지 모른다. 가면 뒤에 본 모습이 있다고 생각하는 많은 사람들은 가면을 벗은 본 모습을 보고 싶어 한다. 가면 뒤에 진실이 있다고 생각하기 때문이다. 그러나 '가면'은 따로 있지 않다. 가면 조차 본 모습의 한 현상이기 때문이다.** 에드워드 마네(Édouard Manet), 「오페라극장의 가면무도회, Masked Ball at the Opera」, 1873.

따라 다르다. 어느 누군가는 노란 장미는 싫어할 수 있다. 노을도 마찬가지다. 해변에서 보는 노을과 산 위에서 보는 노을이 같을 수 없다.

이는 사람에게도 적용해 볼 수 있다. "너 원래 그렇지 않았잖아?"라는 질문에서 '원래'라는 말은 무엇을 의미하는 것일까? '원래' 혹은 '본래'라는 의미는 변하지 않는 본질을 말한다. 그러나 이는 편견에 불과하다. '원래' 그런 것은 없다.

2016년 1월 31일 음악 프로그램이었던 <복면가왕>에서 '음악대장'이 22대 복면가왕으로 등극해 9연승을 했다. 그 인기는 대단해 어떤 사람들은 복면가왕의 흥망성쇠가 음악대장에게 있다고 말할 정도였다. 그러니까 음악대장으로 인해 복면가왕의 인기도가 높아졌고, 음악대장이 가왕에서 내려오면서 인기도가 낮아졌다는 점에서 그렇다는 것이다. 음악대장의 인기가 높았던 가장 이유는 다양한 음색으로 마치 한 사람이 아닌 여러 사람이 노래를 부르는 듯해 사람들을 감동시켰기 때문이다. 복면 뒤에 숨겨진 사람이 누굴까, 그 배후를 궁금해했지만 사람들은 이내 음악대장 자체를 사랑했다. 한 노래에서도 다양한 음색을 내는 그는 그럼에도 불구하고 그 노래를 부르는 한 사람이며, 그 한 사람은 다른 노래를 부를 때 또 새로운 모습으로 감동을 주었다. 그래서 지루하지가 않은 것이다. 그는 회차마다 같은 사람이면서도 같은 사람이 아니다. 우리는 가면 뒤의 본래 모습 때문에 그를 좋아하는 것이 아니다. 그가 본래 누구인지 궁금하겠지만, 중요한 것은 그가 노래를 부르는 그 상황이다. 다시 말해 그것은 상황 속에서 드러나는 '사물 자체'이며, 현상이다. 그 배후에 이면은 따로 있지 않다. 이렇게 현상은 상황속에서 드러난다는 점에서 현상적 장으로 파악된다.

2 현상학적 인식, 직관, 명증성

후설은 심리학주의를 비판하며 태도 변경을 요구하고 지향성으로 이를 극복한다. 후설이 태도 변경을 통해 파악하게 되는 것은 본질 직관이다. 이때 태도 변경은 현상학적 인식이다. 후설의 현상학적 인식은 보는 것, 즉 직관Anschauung 활동이다.

근대 이후, 직관은 경험을 전제로 한다. 즉 경험 없이 직관은 불가능하다. 다만 이 직관이 추리를 통한 인식은 아니다. 예를 들어 코기토 에르고 숨Cogito ergo sum, 즉 "생각한다, 그러므로 존재한다"는 추리인가, 직관인가? 만일 경험주의자라면 이 명제를 추리라고 말할 것이다. 그러나 합리론자들은 직관이라고 말한다. 생각하기 때문에 존재하는 것이 아니라, 생각이 곧 존재인 것이다.

직관은 직접적인 앎을 의미한다. 직관된다는 말은 원본적으로 부여된다는 말이다. 직관의 유형에는 회상, 예상,

* **그림 속 동물은 고양이다. 그러나 나는 이 고양이가 나와 함께 사는 고양이가 아니라는 사실도 분명히 안다. 그것은 적어도 내게는 '명증적'이다.** 장 베르나르(Jean Bernard), 「Sketch of a cat」, 1813, The Rijksmuseum.

상상이 있다. 회상은 과거의 기억이며, 예상은 다가올 것에 대한 생각이며, 상상은 마치 지금 눈 앞에 있는 것처럼 여기는 것을 의미한다. 그러나 이것들은 원본적이지는 않기 때문에 변경체라고 한다.

골목길을 거닐다 보면 꼬물꼬물 예쁜 생명체가 보인다. 그 생명체의 꼬리와 몸짓, 울음소리들을 추론해서 그것이 '고양이'임을 아는 것이 아니라, 단번에 그것이 무엇임을 알아차리는 것이다. 뭔가 휙 지나가는 저것! 우리는 그 움직임에 대뜸 '앗, 고양이다'라고 말할 수 있다. 그리고 그것이 고양이임이 분명할 때 우리는 명증적Evidenz라고 말한다. 즉 명증적이라고 말하는 것, 존재하는 것이 존재 자체로 완전한 확실성을 가지는 것이어서 어떤 의심도 없는 상태를 말한다.

후설은 명증을 충전적 명증, 필증적 명증으로 구별한다. 충전적 명증은 생각된 것과 경험된 것이 일치할 경우이다. 내 앞을 휙 지나가는 어떤 것을 보며, "고양이?"라고 생각하면서, 확인해 봤더니 역시 "정말 고양이네! 귀엽다"라고 생각하게 될 때를 충전적 명증이라 한다. 반면 필증적 명증이란 결코 의심할 수 없는 것을 말한다. 데카르트는 의심할 수 있는 모든 것을 의심했고, 그 결과 결코 의심할 수 없는 한 가지를 발견해 내었다. 그것이 코기토 에르고 줌cogito ergo sum이다. 그런데 만일 '자아'를 의심한다고 하자. 의심하는 행위조차 코기토이다. 그러나 후설은 데카르트의 코기토가 경험적 자아이며, 완전한 판단 중지로 선험적 자아를 도출할 것을 요구했다.

3 | 판단 중지Epoché

판단 중지는 후설의 현상학적 방법에 사용되는 중요한 개념이다. 후설은 일상생활에서의 반성 없는 믿음과 실증과학의 자연적 태도를 현상학적 태도로 변경하기 위해 '판단 중지'가 필요하다고 말한다. 너무도 당연하다고 생각하는 것들에 대한 믿음을 중단하는 것이다. 판단 중지는 판단의 유보이지 거부가 아니다. 일상적으로 알려진 것들, 너무도 당연해서 다시 생각할 필요가 없던 것들을 괄호 안에 넣어 버리는 거다. 그래서 일상적 판단이 작동하지 않도록 한다는 것을 의미한다. 물론 이때 판단 중지된 것들은 여전히 의식 속에 보존되어 있다.

세상에 당연한 것은 없다. 당연하다고 생각하는 순간 우리는 편견에서 벗어날 수 없게 된다. 우리가 알고 있는 그 사실은 정말로 '사실'일까. 일상적 삶에서 우리는 떠도는 소문 혹은 그동안 사실이라고 전해지는 것들에 대해 되묻지 않고 그대로 받아들인다. 그동안 그렇게 살아 왔고, 사람들이 그렇게 믿어 왔다는 것이 그것을 사실로 받아들이는 이유다.

그러나 다시 한 번 생각해 보면, 그것이 당연한 사실이어야 할 이유가 어디에도 없다는 것을 확인하게 된다.

다정해 보이는 할머니와 손녀가 산책을 하면서 대화를 하고 있다. "빨리 결혼해서 아기 낳는 거 보고 죽어야 할 텐데…." 할머니는 여자의 일생이 늘 한으로 가득 차 있다고 말했다. 여자의 삶에서 가장 큰 변수는 '남자'다.

결혼이란 남녀 모두에게 필수였다. 혼기가 차면 결혼해야 했고, 혼기를 넘어서면 마치 오래된 물건 치우듯 그렇게 해치우게 되는 것이 결혼이었다. 그래서 결혼을 하지 않은 사람들을 가리켜 '미혼'이라 했다. 또 결혼을 하면 아이를 낳는 일을 당연한 사실로 받아들여 왔다. 그러나 그것은 더 이상 당연한 사실이 아니다. 이제 결혼과 출산은 선택 상황이 되었다. 그래서 미혼이 아닌 '비혼'이라는 개념이 생겨나는 것이다. 손녀는 "할머니, 나 비혼이야"라고 말한다. 할머니는 당황스럽지만 당황스러움을 감추려 한다. 할머니에게 비혼은 낯선 개념이다. 결혼을 하고 그 결혼 생활을 견디면서 행복을 찾는 것이 여자의 운명이고 삶이라고 생각했던 할머니에게 필요한 것은 '판단 중지'다. 당연하다고 생각했던 것을 일단 괄호 쳐

보기!

이처럼 어떤 사실에 직면할 때, 그동안 그 사실에 대해서 이미 알고 있었던 것들에 대해서 판단 중지를 내린 후에 사실로 접근하지 않으면 본질에 다가갈 수 없게 된다. 그렇다면 판단 중지 후에 남는 것은 무엇인가? 후설은 그것을 '의식 삶'으로서 선험적 주관성의 영역으로 보았다. 의식은 흐른다. 단 한순간도 머물러 있지 않다. 그래서 의식은 유동적인 특성을 가지고 있다고 말하는 것이다.

판단 중지는 이렇게 흐르는 삶의 순간순간을 포착해내는 작업이며, 이렇게 포착해 낸 순간들을 가장 사실적이라고 보는 것이다. 이러한 판단 중지는 환원의 성격을 취한다.

4 환원Reduktion, 환원의 불가능성

환원의 목적은 보편적이고 무전제성의 학인 현상학의 궁극적 정초를 위한 기반을 찾기 위해서이다. 이를 위해 후설은 데카르트가 실패했던 지점으로 돌아가 현상학적 방법으로 실현하고자 했다. 데카르트는 방법적 회의方法的懷疑, methodical doubt를 통해 의심할 수 없는 것, 즉 코기토를 학의 토대로 삼고자 했지만, 후설은 판단 중지를 통해 환원의 방법으로 선험적 자아를 확보한다.

현상학적 환원은 학의 시원으로 향하는 유일한 방법으로 제시된다. 또한 후설은 현상학적 환원으로 '명증성'을 확보하려 한다. 여기서 명증성은 선험적 자아의 존재 타당성이다. 명증성은 보편학의 이념을 수행하기 위해 절대적으로 확보되어야 한다.

환원은 판단 중지의 구체적인 방법이다. 제1철학의 이념, 즉 보편학을 실현하기 위해 현상학은 제일 먼저 세계 존재의 자명성을 의심하지 않으면 안 된다. 그러나 생활 세계 자체를 부정한다는 것은 아니다. 생활 세계는 우리에게 자명하다. 다만 현상학자는 세계 존재의 자명함 이면에 다른 어떤 것을 전제하지 않는다. 문제는 현상학자가 이 자명성마저도 의심해야 하는 역설적 상황 속에 있다는 점이다. 현상학자가 이 역설에서 벗어나기 위해 할 수 있는 것이 판단 중지를 통한 선험적 환원이다.

좀더 구체적으로 말하자면 현상학자가 의심하는 자명한 세계는 과학적 방식으로 질서 지운 세계이다. 정말로 먼 곳에 있는 것은 작고 흐리게 보이며, 가까운 곳에 있는 것은 크고 뚜렷하게 보이는 것일까? 근대 회화에서의 원근법은 소실점을 중심으로 비례에 근거해 거리를 표현해 낸다. 그러나 이러한 관점은 관념에 불과하다. 우리는 가까이 있는 것일지라도 우리의 주의를 기울이지 않는다면 의식조차 되지 않을 것이다. 현상학이 의심하는 과학적 세계는 회화에서 표현된 원근법에 따른 세계관 같은 것이다. 그것은 결코 자명한 것이 아니다.

현상학자가 관심을 가지는 세계는 수학적 질서에 따라 정립된 그러한 세계가 아니라 '일상적 삶'의 세계이다. 그러나 우리는 현상학자가 세계의 근원에 관심을 두는 철학자

* **기하학적 원근법으로 표현된 회화 속 세계를 실재적이라 여기는 것은 우리의 사고가 과학적 사고에 물들어 있기 때문이다. 반면 세잔의 〈사과와 오렌지〉 속에서 기하학적 원근법은 해체된다.** 앙리 루소(Henri Rousseau), 「르 베이브르 계곡의 봄」, 54.6x45.7cm, 1908, The Metropolitan Museum of Art, New York, USA.

임을 잊어서는 안 된다. 따라서 우리는 그들이 생활 세계 자체에서 세계의 근원을 어떻게 찾아낼 수 있는지 물어야 한다.

현상학자들은 세계의 근원을 밝히기 위해서는 자신이 거주하고 일상적 삶을 누리고 있는 세계로부터 잠시 떠나야 한다고 말한다. 후설은 이를 위한 개별적 단계, 즉 형상적 환원과 선험적 환원의 단계를 제시한다. 앞서도 말했지만, 판단 중지가 수행된다고 해서 세계의 존재가 상실되는 것이 아니다. 다만 괄호 쳐서 보류될 뿐이다.

현상학적 환원Phänomenologisch reduktion에는 형상적 환원eidetische reduktion과 선험적 환원초월적, transzentale reduktion의 두 단계가 있다. 형상적 환원은 1차 환원이며, 선험적 환원은 2차 환원이다.

살펴본 바와 같이 환원은 보편학을 정립하기 위한 방법으로 행해졌고, 우리는 그 환원의 방법에 따라 '근거'를 물어 나갔다. 그리해 우리가 1차적으로 도달하게 되는 것은 본질 파악이라는 형상적 환원의 단계이다.

형상적 환원은 구체적이고 사실적인 것을 본질 구조로 환원시키는 것을 말한다. 그리해 보편성과 필연성을 지닌 본질, 즉 어떤 사물을 바로 그것이게 하는 것을 파악한다. 즉 사실 세계로부터 본질을 파악해야 한다는 뜻이다. 후설이 파악한 본질은 플라톤의 본질, 즉 이데아와 구별된다. 환원함으로써 파악된 본질은 플라톤의 이데아와 구별된다.

후설은 본질을 파악하는 것으로는 만족하지 않았다. 왜냐하면 후설의 본질은 플라톤적 의미에서의 초월적 본질이 아니라, 의식의 영역 속에 내재하고 있는 본질로 이해되어야 하기 때문이다. 본질을 의식의 내면으로 끌어들여야 하는데, 이러한 절차가 바로 선험적초월적 환원이다.

실재는 의식을 떠나서는 생각할 수가 없다. 모든 실재는 의미의 통일로서 이해된다. 그리고 의미를 부여하는 것은 주관이며 의식이다. 환원은 의미의 통일로서의 모든 실재를 가능하게 하는 근거를 찾아가는 길이다. 이때 의미란, '선험적초월적' 의미이다.

환원의 목적은 무전제성의 원칙 때문이다. 환원을 수행하는 동안 이 목적을 잊어서는 안 된다. 만일 무전제성의 원칙이 무너진다면, 보편학의 이념 또한 불가능해진다. 데카르트가 실패했던 것은 그가 도출한 명석 판명한 명제인 '코기토 에르고 숨'이 실제로는 무전제성에 근거한 명제가 될 수 없었기 때문이다. 다시 말하자면 데카르트는 사유하는 자아가 신에 근거한다고 말했기 때문이다. 환원의 과정에서 조심해야 하는 것은 심리학주의다. 후설은 판단 중지를 모든 형상적인 것에 대한 심리학주의로부터 벗어날 수 있는 가장 확실한 방법이라고 보았다.

후설과 달리 메를로-퐁티는 환원의 문제에서 후설이 지나치게 나아갔다고 비판한다. 후설의 환원에 대한 주장이 논리적으로 문제가 없다고 할지라도 사실상, 완전한 환원은 불가능하다는 것이다. 왜냐하면 인간 의식은 몸과 분리되어 있을 수 없기 때문이다. 다시 말해 인간이 사유하는 존재가 아닌 몸인 존재라는 점에서 인간은 의식으로 환원될 수 없다. 내가 의식인 한에서 나는 여기에 있거나 혹은 저기에 있는 존재가 아니다. 내가 나일 수 있기 위해서, 혹은 내가 한 개체로서 타인과 구별되기 위해서는 각기 다른 몸, 즉 고유한 몸을 가지고 있어야 한다. 그러므로 선험적초월적 환원의 단계는 의미가 없게 된다. 메를로-퐁티는 후설이 관념적일 수밖에 없는 이유를 선험적 환원에서 찾는다.

5 본질eidos

가. 전통 철학에서의 본질

본질이란 종에 대한 유개념으로서 개별적 사물의 본래적 모습이거나 현상된 사물의 배후에서 그것을 가능하게 하는 형식적 원리로 작용한다.[13] 우리가 알고 있는 본질에 관한 가장 전통적이고 오랜 이론은 플라톤의 이데아idea이다. 이데아는 불변하는 진리로서 그것만이 본질이자 실재라고 말한다. 그리고 이러한 본질을 아리스토텔레스는 형상形象이라고 했다. 플라톤이 이데아를 초월적 세계에서 찾으려 했다면, 아리스토텔레스는 행위자 혹은 사물 속에서 발견하려 했다. 순간마다 행위자들은 변화하는 가운데 본질을 품고 있다. 매순간 변화를 거듭하면서도 동일성을 유지할 수 있는 것은 '

13 유와 종의 문제에서 보편과 개체에 관한 중세의 보편논쟁에 비추어 볼 때 후설은 플라톤적 실재론이라기보다는 오히려 아리스토텔레스 실재론에 가깝다. 왜냐하면 후설에게서 사실 자체가 본질이기 때문이다.

존재를 가능하게 하는 원리'가 있기 때문이다.

나. 후설의 본질 본질 전형과 본질 직관

후설에게서도 본질은 보편적이고 필연적이다. 그러나 그것은 구체적이면서도 사실적인 '경험적 주체의 주관성'에서 획득된다. 후설의 본질은 '사실' 개념과의 관계에서 더 잘 이해될 수 있다. 후설은 『이념 1』에서 '사실'과 '본질' 개념을 중요하게 다루고 있다. '사실'은 '내 앞에 책상이 있고 커피가 있으며 책상 앞에 앉아 커피를 마시며 글을 쓰고 있다는 것'이다. 이 사실은 또 다른 사실 앞에서 변화를 겪게 된다. 누군가의 갑작스러운 방문으로 나는 책상 앞을 떠나 거실에 앉아서 차를 마시며 담소를 나누는 것이 사실이 될 것이다. 사실에는 이러한 여러 정황과 사물과 사람이 모두 포함된다.

'사실'은 '본질'과 상관 개념이기는 하지만, 전통적인 의미에서 사실의 가능 근거가 본질이라고 보는 것과는 차이가 있다. 후설은 사실 자체에 본질이 있다고 말하고 있기 때문이다.

후설은 현상학을 본질학이라 정의한다. 후설에게 본질은 체험하는 의식 내용까지 실재의 대상으로 삼는다. 후설은 본질이 직관된다고 한다. 어떻게 직관되는 것일까? 후설은 본질을 파악하기 위해 사물의 이면을 보려 하지 말고 사물 자체nach den Sachen selbst를 겨냥하라고 말한다. 사물 자체를 겨냥한다는 말은 사물 자체를 벗어난 모든 것, 즉 선입견들을 판단 중지하라는 말과도 같다. 즉 본질을 파악하기 위해 판단 중지가 필요하다.

예를 들자면, 저기 앉아서 갸우뚱거리며 나를 보고 있는 작은 생명체가 고양이임을 아는 것은 그 생명체가 고양이라는 본질이기 때문이다. 고양이로 존재하기 위한 본질이 따로 있지 않다. 본질을 파악하기 위한 추론이 필요하지 않다. 그렇다고 해서 어떤 절차도 없이 파악되지는 않는다. 그것은 자유 변경이라는 특수한 절차를 거쳐야 한다.

다. 본질 직관Wesenserfassung 독, Weaensschau 독, Ideenschau 독, Ideation 영

본질은 사물의 필연적 속성이며, 직관은 어떤 매개 없이 직접적으로 파악하는 것이다. 대상이 있는 그대로 직접 주어지는 인식이다.

후설에게 본질은 자유로운 상상자유 변경 속에서 변하지 않는 것불변체을 찾아냄으로써 획득된다. 본질 직관은 그러한 활동이다. 후설은 본질 직관을 위해 판단 중지가 필요하다고 말하고 있으며, 이 단계를 형상적 환원으로 볼 수 있다.

본질은 대상과 분리되지 않는다. 따라서 의식으로 환원이 필요하다. 환원을 통한 본질은 선험적 자아에 의해 가능해진다. 선험적 자아의 구조는 노에마 노에시스의 관계이다. 이때 노에마는 의식 대상으로서 형상eidos이며 노에시스는 의식 작용이다. 다시 말해 노에마는 판단 중지에 의해 본질 직관된 것으로서 의식 내에 들어온 지향적 내재이다. 이러한 노에마에 대한 의식 작용이 바로 노에시스이며, 이러한 작용으로 선험적 의식이 구성될 수 있다.

후설의 지향성 개념은 선험적 자아가 단순히 경험적 자아로서, 그리고 결국 그것이 하나의 대상이 될 수밖에 없었던 데카르트의 '사유하는 자아'와 확연히 구별됨을 보여 주고 있다.

라. 본질 전형Wesenstypus

typus는 전형, 원형, 모델, 기본 형식이라는 뜻의 type영어과 같다. Typik은 typus에 관한 이론을 의미하지만, 둘 다 전형典型으로 번역된다. 또는 정형定型으로 번역하기도 한다. 정형은 개별적 대상 경험에서 얻는 노에마적 경험 모델이다. 그러나 단 한 번의 경험에 의해서도 정형을 얻을 수 있다는 점에서 경험적 개념과는 다르다.

본질은 본질 직관의 대상이며, 보편적이고 필연적이다. 그러나 전형은 보편적이기는 하나, 명확하지는 않은 보편성이다. 전형은 경험에 따라 수정이 가능하기 때문에 필연적이기보다는 우연적이다.

예를 들어 고양이의 울음소리가 "야옹"이라고 들리는 것이 일반적이라 하자. 이것을 전형, 즉 고양이 울음소리의 모델이라 하겠다. 그러나 좀 더 관심을 가지고 들어보면 꼭 '야옹'이지만도 않다. 전형은 본질로 이해되기도 하지만, 변형이 가능하다는 점에서 본질과 같지는 않다. 본질은 아프리오리a priori하지만 전형은 경험을 통해 형성된다. 전형이 경험보편성이라면 본질은 순수보편성이다.

마. 메를로-퐁티에게서의 본질

메를로-퐁티는 『지각의 현상학』의 서문에서 현상학은 본질에 대한 연구임을 확인하면서, 현상학을 계승하고 있음을 밝히고 있다. 그러면서도 메를로-퐁티는 자신의 현상학이 후설 현상학과 다르다는 것을 강조한다. 그는 현상학이 본질을 존재의 자리에 다시 놓아 두는 철학이라고 말하고 있는 것이다. 그리고 곧이어 "인간과 세계에 대한 이해는 그들의 '

사실성facticité'에서 출발함으로써만 획득될 수 있다고 믿는 철학"『지각의 현상학』, 13쪽이라고 말한다. 즉 존재란, 바로 사실 자체이기 때문에 본질이 따로 있지 않다. 그렇다면 사실성은 어떻게 드러나는 것일까?

메를로-퐁티에 따르면 존재는 설명되지 않는다. 존재는 인식의 대상이 아니기 때문이다. 설명되는 순간 존재는 사실성에서 벗어나게 되고, 존재는 존재 자체를 드러내지 못하게 된다. 존재가 자신을 드러내기 위해서는 설명이 아닌 기술décrire이 필요하다. 설명이 된다는 것은 자신이 주체가 아닌 대상이 된다는 것을 의미한다. 설명은 대상을 객관적으로 풀어서 다른 사람에게 이해시키기 위한 목적으로 사용되는 방식이다. 설명을 위한 방법으로 분석과 인과는 대표적이다. 설명되는 과정에서 대상은 설명하는 주체에 의해 왜곡되기 쉽다. 따라서 현상학에서는 사물 자체를 그대로 드러내기 위해서는 설명이 아닌 기술이 요구된다. 기술은 사물을 있는 그대로 드러내어 서술하는 방식이다. 기술될 때 존재는 자신을 드러낼 수 있으며, 비로소 깊이도 가지게 된다. 깊이는 체험으로 형성되는 부피이자 덩어리이다. 달리 말하자면 그것은 역사다. 그렇다면 존재의 기술은 어떤 형태인 것일까? 그것은 지각과 체험이다. 체험은 나로부터 분리되지 않는다. 따라서 객관적인 설명이 불가능하다. 그러므로 그것은 기술될 수밖에 없다. 사물을 기술한다는 것은 사물이 왜 있는지 어떻게 있는지에 대한 설명이 아니라, 사물 자체를 묘사해 내는 방식이다.

물이 끓고 있다. 설명을 해 보자. 적정한 열에 의해 물 분자의 활동이 활발해지고 분사들 사이의 거리에 변화가 생기면서 일어나는 현상이다. 그렇다면 물을 묘사해 보자. 냄비 안의 물이 뜨거운 열 기운과 함께 뽀글뽀글 방울들이 앞다투어 올라오며 좌르르 소리를 내고 있다. 설명과 기술 혹은 묘사 중에서 더 사실적으로 다가오는 방식은 무엇일까?

이번엔 봄spring이다. 봄은 겨울 다음에 오는 계절이며, 날이 따뜻해지기 시작하는 시기이다. 일반적으로는 3월부터 5월에 해당한다. 1년을 기준으로 할 때 가장 먼저 오는 계절이다. 이러한 설명으로 봄은 우리에게 알려졌는가? 3월이 되었을 때, 우리는 봄 같지가 않다고 말하곤 한다. 아직 겨울인데도 우리는 봄 냄새가 난다고 말한다. 봄은 몸이 체험하는 설렘이다. 노란 산수유가 거리를 물들이며, 벚꽃잎이 날리며 새순이 돋기 시작하는 들과 산을 걷는 걸음에서 비로소 봄은 자신을 드러낸다. 경험에 대해 설명하는 것과 경험 자체는 결코 같을 수가 없다. 봄은 이렇게 기술됨으로써 그 본질을 드러내는 것이다.

* **봄은 다양한 모습으로 다가온다.** 클로드 모네(Claude Monet), 「Apple Trees in Bloom」, 62.2x100.6cm, 1873, The Metropolitan Museum of Art, New York, USA.

6 지향성志向性, Intentionalität , intentionnalité, 지향적 구조

후설에게 현상은 감각적이지 않고 의식적이다. 의식은 지향적 구조를 가지는데, 이때 의식은 항상 '~에 대한 의식'으로 존재한다. 즉 주체와 대상이 분리되어 있지 않고 필연적인 상관관계로 묶여 있음을 보여 주고 있다. 의식에 나타나지만, 그것은 심적 대상으로 맺히는 것이 아니라, 의식 활동으로 의미 대상을 파악하게 된다는 것을 의미한다. 다시 말해 지각자의 능동적인 행위가 대상을 나의 의식 안으로 끌어들이는 것이 아니라, 의식에 대상이 주어짐 혹은 나타남이라는 의미에서의 의식 현상이다. 그렇게 나타난 의식 현상이 의식 내용이자 의미 대상이 된다.

의식 현상을 이해하기 위해 우리는 의식과 지향성에 대해 먼저 이해해야 한다. 후설의 지향성은 의식 지향성인데, 의식이란 언제나 '~에 대한 의식'이다. 이때 '~에 대한'이라는 의미가 지향성이며, 의식은 언제나 지향적 관계에서만 드러난다는 점에서 지향적 의식이 된다.

현상은 지향적 구조에서의 의미 대상인 노에마에 해당한다. 다시 말해 의식의 그러한 활동이 바로 노에시스이며, 의식 내용을 노에마라고 한다. 대상이 내 의식 속에 들어와 소유된다는 것과는 다른 의미다. 의식 속에 대상이 들어오는 것이 아니라 의식이 대상에 물드는 것이다. 그래서 하늘은 바라보는 의식이며, 피아노 음률에 빠져드는 의식이다. 이처럼 의식은 일종의 작용일뿐, '의식'이 따로 존재하지 않는다. 의식은 항상 대상과 더불어 드러난다.

가. 브렌타노와 지향성

후설은 선험적 자아를 해명하기 위해서, 절대적 시초로서의 학을 정립하기 위해서 또 그것을 가능하게 하기 위해서 '지향성'이라는 개념을 받아들인다. 지향성은 그의 스승 브렌타노Franz Clemens Honoratus Hermann Brentano 독 1838~1917[14]에서 나온 개념이다. 브렌타노는 "모든 정신 현상은 지향적이다"라고 주장하면서 마음을 속성의 다발로 이해했다. 그는 흄David

14 브렌타노는 지향성이라는 개념을 스콜라철학에서 가져왔다. 이 개념을 기술적인 기본 개념으로 바꾸었다는 것에 중요성을 부여한다. 왜냐하면 현상학이 가능해진 것은 바로 이 '지향성'이라는 개념 때문이다. 브렌타노는 지향성을 심적 현상의 고유한 특성으로 간주했다. 그리해 심리학의 연구를 물리학의 연구와 명확히 구별해 내었다.

Hume 영 1711~1776의 견해를 옹호했으나 흄과는 입장이 다르다. 브렌타노에게 다발은 속성들을 전체적으로 묶어 주는 것이기 때문이다. 그에 의하면, 마음이란 개별적 정신 활동으로서 존재하는 것인데, 그것은 지향성 개념으로 설명 가능하다는 것이다. 브렌타노는 듣고, 보고, 느끼는 것 등에 대해 말하는데, 이것은 지각perception 활동 즉 정신 활동이다. 브렌타노는 나무나 집과 같은 개별적 대상들을 정신 또는 마음이 지각을 하고 그것이 의식 안에 감각적 작용의 성질로서 들어온다고 본다. 그리하여 정신 활동을 개별적 대상들에 대한 감각적 성질인 물리 현상과 그것을 표상하는 정신 현상으로 구분한다. 즉 정신 현상은 표상 활동이다. 이렇게 물리 현상과 정신 현상과의 관계는 '지향성'을 통해 설명이 가능하게 된다.

그러나 브렌타노의 '지향성' 개념은 심적 현상의 기반이라는 것을 설명하는 것 이상으로 나아가지 못했다. 그에게는 '무엇에 대한 의식'이라는 무한 소급만이 있을 뿐이었다. 이에 반해 후설은 브레타노로부터 앞으로 나아간다.

후설은 특히 지향성 개념으로 인식 가능 근거인 선험적 주관성을 밝혀 내고 그것으로 현상학적 방법의 근간을 이루려 한다. 주관성 또한 하나의 의식이다. 그것은 나의 의식이란 의미에서 '자아'이다. 의식은 언제나 '무엇에 대한 의식'

이다. 이것이 지향성을 설명할 수 있는 가장 적절한 말일 것이다. 의식 현상들은 그때그때 의식된 것으로 있을 뿐인가? 우리의 의식은 경험을 통해서 순간순간 있는 것이 아니라, 연속성을 가지고 그것을 종합한다. 그것이 어떻게 가능한가? 그것의 가능성을 밝혀 내는 것은 지향성에 대한 이해 없이는 불가능하다. 후설이 데카르트가 확보한 명석 판명한 자아, 즉 사유하는 자아의 유아론적 성격을 넘어서는 것도 의식이라는 것이 항상 '그 무엇에 관한 의식'이라는 의식의 지향적 구조에 근거하여, 사고된 것을 사고하는 자아와 그의 사고 작용의 형성물로 인식했기 때문이다. 그리하여 우리는 데카르트에게 사유하는 자아는 의식 활동을 그 대상으로 드러내 주는 경험적 대상에 불과함을 알 수 있다. 지향성 개념은 후설 철학의 한 부분만을 차지하는 것이 아니라, 그가 행하고자 했던 현상학적 방법 전체에서 설명될 수 있다.

나. 후설과 지향성

지향성은 관계 개념으로서 현상학의 독특한 개념이다. 후설은 지향성을 체험의 의미에서, 그리고 내실적 작용이라는 측면에서, 대상을 통해서 파악한다.

집을 예로 들어 보자. 집은 각자에게 특별한 의미를

지닌다. 어떤 이에게 집은 편안함일 것이고, 또 다른 어떤 이에게 집은 고통일 수 있다. 집을 보면서 떠올리게 되는 아련함.

그런데 나는 이 '집'이라는 질료 없이 집에 대한 이미지를 가질 수 없다. 이러한 상황을 의식 체험으로 이해하면 될 것이다. 그런데 이 집에 대한 나의 느낌, 감정은 무엇인가? 이 집에 사는 누구라도 나와 같은 느낌을 가질 수는 없을 것이다. 그리고 처음 이 집에 발을 디뎠을 때, 그리고 집을 떠나 살다가 다시 이 집에 들어섰을 때의 느낌은 같지 않을 것이다.

근대 인식론자들이 인식과 인식 대상을 분리했지만, 후설은 지향성 개념을 통해 분리가 불가능함을 보여 주고 있다. 대상은 인식밖에 있지 않고 인식과 동시에 주어지는 것이다. 그러므로 대상은 의식 체험으로 드러나고, 의식 체험은 내재적인 것으로 이해된다.

지향성 개념의 구조는 노에시스 노에마의 관계로 분명해진다. 그것은 순수자아가 노에시스를 통해 대상에 관계하는 방식이다. 이 관계는 외적 관계가 아닌 내적 관계를 말한다.

다. 지향적 구조: 노에시스noesis, 노에마noema

기능하는 지향성으로, 감각 질료인 감각들을 파악하며 의미를 부여한다. 이때 질료Hyle는 체험의 내실적 요소이며, 의식 작용인 노에시스에 의해 형성되어야 하는 '형식 없는 재료'이다. 후설에게 노에시스 구조는 내적 시간 의식의 구조이다. 내적 시간 의식에서 동일성을 지닌 단일체가 최초로 구성된다. 시간 의식에 관한 설명은 다음 장에서 확인해 보자.

판단 중지를 한 후에도 대상적 단일체로서의 타당성을 지니고 있는 것이 있다. 그것을 노에마라고 한다. 노에마는 체험의 완전한 상관자이다. 노에마로서의 대상은 체험의 내실적 구성요소는 아니다. 그것은 관념적 구성요소이다. 예를 들어 장미는 더 이상 그 장미가 아니라는 말을 생각해 보자. 장미에 대한 우리의 일상적 판단은 판단 중지에 의해 보류된다. 그리고 그 장미는 내게 새로운 의미로 다가오게 된다. 그렇다고 해서 장미가 그 장미가 아닌 완전히 다른 장미인 것은 아니다. 여전히 그 장미는 앞마당에 피어 있다. 즉 판단 중지에 의해 괄호를 쳤음에도 불구하고 장미는 대상적 단일체로 남아 있지만 그것은 객관적인 실재성을 지닌 존재가 아니라 존재 의미로서 주어져 있기 때문에 관념적ideal 구성요소라 하는 것이다. 그래서 노에마는 현상학적으로 환원된 객

* **여행객으로 방문했던 이 집과 거주지로서의 이집은 결코 같은 집일 수 없다. 그럼에도 이 집은 다른 집이 아니다.**
윈슬로 호머(Winslow Homer), 「Farmyard scene」, 31.4x46.8cm, 1872, Art Institute in Williamstown, Massachusetts.

체이자, 지각된 것이며, 회상된 것이며, 예상된 것이다. 나에게 장미는 지각된 것이지만, 시간이 흘러 회상되기도 할 것이며, 예상하기도 할 것이다. 그러나 그 장미의 의미는 대상의 의미로서 동일하다. 노에마는 형상이다. 형상은 의식 내로 들어와서 의식 대상이 되어 의식 작용과의 관계 속에서 지향적 구조를 가진다. 이것이 의식의 가장 원본적 구조이다.

노에마적 의미에는 객관적 시간이 속한다. 객관적 시간과 객관적 공간은 노에마들이다. 다만 객관적 시간에는 모든 활동의 가능적 조건인 자아가 구성되는 주관적인 내재적 시간이 문제가 된다.

지향적 대상은 현상 양식을 일치시키는, 현상 양식들의 극極, Pol을 가진다. 지향적 대상은 항상 '~에 관한 의식 대상'으로만 알려진다. 순수자아는 지향적 대상, 즉 장미의 의미를 파악하고자 한다. 대상적 의미인 장미가 노에마의 단일성과 동일성이라면 그것은 하나의 '동일극同一極'이 될 것이며, 이것을 대상극이라 할 것이다. 동시에 순수자아는 대상극의 상관자로서 동일극, 즉 자아극이 된다. 자아극은 다양한 체험들을 하나로 일치시키는 역할을 한다.

한마디로 후설은 지향성에 그치지 않고, 판단 중지를 행함으로써 순수 의식의 상태로 나아가고 만다. 메를로-퐁티

* 장미 정원을 보며 나는 장미꽃 향기를 맡는다. 비록 그림 속 장미 정원이라 해도 그렇다. 왜냐하면 이 장미 정원은 의미 대상, 즉 노에마로서 회상되고 예상된 것이기 때문이다. 나는 생각해 본다. '장미꽃 향기는 얼마나 감미로울까?' 카미유 피사로(Camille Pissarro), 「A Rose Garden」, 1862.

는 후설의 의식 지향성을 비판하면서 지향성의 본래적인 의미를 복원한다. 메를로-퐁티에게 지향성은 몸지향성이다. 메를로-퐁티는 판단 중지를 통해서 선험적 자아를 밝혀 내는 것 자체가 불가능하다고 보는 것이다.

7 시간 의식時間意識, Zeitbewußtsein

후설은 의식 현상을 '헤라클레이스적 흐름'이라고 말한다. 헤라클레이토스는 '만물은 유전한다'라고 말했는데, 그것은 의식이 끊임없이 흘러가며 변하는 강물과 같다는 것을 말하는 것과 같은 의미이다. 실제로 나의 의식은 한순간도 머물러 있지 않다. 그런데 그 의식은 어떤 내용을 가지고 있는 것일까? 내용 없는 의식은 가능할까? 의식이 없다는 것은 존재하지 않는다는 것과 같다. 다만 그 의식이 무엇일까에 대해서는 좀 더 깊은 논의가 필요하다.

후설은 의식의 흐름을 보여 주기 위해 '멜로디'를 사례로 들고 있다. 길을 가다가 담장 안에서 흘러나오는 피아노 음률을 듣는다고 하자. 멜로디는 잠시도 멈추지 않고 흘러가지만, 나는 그 멜로디 중의 하나의 음만을 붙들지는 않는다. 하나의 음은 지나간 음을 붙들어 멜로디를 만들어 내기 때문이다. 의식의 흐름이 전체적 통일성을 가지고 대상체로 주어질 수 있는 이유이다. 의식의 원본성은 바로 지향성이다. 즉 의식은 항상 '~에 대한 의식', 즉 지향성을 가진다.

지금 나는 테이블 위의 커피잔을 바라보고 있다. 현재 내가 보고 있는 이 커피잔은 가장 원본적인 것이지만, 바람 소리에 흔들리는 풍경에 시선이 옮겨지면서 커피잔은 원본성을 잃고 퇴행적이 된다. 이렇게 시선의 이동에 따라 지향적 구조 관계는 변한다. 내가 있는 공간에는 커피잔과 창가에 매달린 풍경만 있는 것이 아니다. 쌓여 있는 책과 노트북, 그리고 달력이 있다. 내가 커피잔과 풍경에 시선이 머물 때 그 외의 대상은 중립성을 가지게 된다.

후설은 의식의 흐름을 '시간 의식' 개념으로 설명하고 있다. 시간 의식은 체험에 대한 내적 의식을 가리킨다. 시간 의식이란 시간 객관에 대한 의식을 해명하기 위해 포착한 개념이다. 앞에서도 말했지만 후설은 멜로디에 관심을 가졌다. 우리는 어떻게 멜로디를 전체적으로 파악할 수 있는 것일까? 후설은 지향적 체험 그 자체가 시간적 지속성을 갖추고 있다는 것을 발견한다. 체험은 지속성을 지닌다. 후설은 이를 설명하기 위해 근원 인상Urimpression과 그것의 과거 파지Retention의 변양을 말한다. 근원 인상이란 원천점으로서의 의식이며, 과거 파지는 근원 인상에서 산출된 것을 말한다. 즉, 지금 막 지나

* **나의 시선은 커피잔을 향한다. 나머지는 모두 배경일 뿐이다. 그러나 나는 이내 나와 마주하고 있는 사람에게로 시선을 옮긴다. 커피잔은 이제 내게 배경이 되어버렸다. 배경이 된 커피잔은 정립성을 가진다. 객관적 거리를 가졌기 때문이다.** 클로드 모네(Claude Monet), 「The tea set」, 1872, 개인 소장.

가 버린 것을 자신 속에 간직해 두는 의식 활동이다. 우리가 '도레미파솔~'이라고 소리 내어 부를 때, 미를 기준으로 '파' 음을 낼 수 있다. 그런데 지나가 버린 '미'를 간직해 두지 않는다면 '파' 음은 낼 수 없게 된다. 그리고 '파'에서 '솔'이라는 음이 나올 수 있다. 후설은 매순간 근원 인상이 출현한다고 말한다. 그것은 '미'라는 음이며, '파'라는 음이다. 그러나 새로운 근원 인상, 즉 '미' 다음에 '파'라는 음이 나올 때, 파는 새로운 근원 인상이 되며, '미'는 과거 파지로 변양되면서 끊임없는 연속체를 이루게 된다. 이렇게 시간 객관과 의식 체험이 지속적으로 구성되면서 의식이 지속적으로 구성될 수 있는 것이다.

후설은 시간 의식에는 객관적 시간이 배제된다. 후설이 말하고자 하는 시간은 시간 그 자체, 즉 나타나는 지속 그 자체를 의미한다. 그래서 후설의 시간 의식은 의식의 흐름에 관련한 내재적 시간이다.

8 몸지향성지향궁, 지향적 호, arc intentionnel

후설이 의식 작용과 의식 대상 간의 관계를 말했다면 메를로-퐁티는 몸의 활동과 대상 간의 관계를 말한다. 의식이 몸을 매개로 사물 혹은 대상으로 향하는 것이 아니라, 오히려 몸 자체의 움직임이다. 몸을 움직인다는 것은 사물을 겨냥한다는 것을 의미한다. 몸은 사물의 부름에 표상 없이 대응하는 방식이다. 따라서 메를로-퐁티의 지향성은 몸지향성이다. 이제 의식은 '나는 ~을 사유한다'가 아니라 '나는 ~을 할 수 있다'인 것이다메를로-퐁티, 『지각의 현상학』, 220~223쪽. 이때 의식은 순수 의식이 아니라 몸 의식이다. 그리고 메를로-퐁티가 말하는 몸은 주체-의식의 상관자로서의 대상-몸이 아니라, 지각하는 몸이다.

의식 체험이 시간의 흐름으로만 이해되었다면, 몸 체험은 시공간적 활동이어야 한다. 그래서 몸은 공간 안에 있지도 않고, 시간 안에 있지도 않다. 몸은 공간과 시간에 거주한다. 몸은 시간과 공간을 사고하지 않고 오히려 공간과 시간의 것들에 속하고 공간과 시간에 속하는 것들에게 포함되며, 또 포함된다.

몸이 관계하는 대상은 또 다른 몸이다. 그러니 몸과 몸의 관계라고 보는 것이 좋을 것이다. 하나의 몸과 다른 하나의 몸은 같은 몸은 아니지만, 그 몸들은 물질성이라는 점에서 공통점을 가진다.

후설의 의식 지향성은 여전히 관념론에서 벗어나지 못하고 있다는 평가를 받고 있다. 살펴보았듯이 메를로-퐁티는 지향성의 중요성을 간과하지 않고 있지만, 지향성을 의식이 아닌 몸의 운동성으로 재해석한다. 메를로-퐁티는 모든 체험이 습관이건 몸적 기능fonctions corporelles이건 어떤 일반성을 향하고 있다고 말한다. 이 때문에 운동성을 원래적 지향성intentionnalité originale으로 이해할 수 있다. 몸이 운동을 이해할 때에 몸은 세계에 통합되는 것이다. 그러므로 지향성은 몸들 간의 관계를 가능하게 해 주는 운동성으로 이해되어야 한다. 몸은 행위하는 몸이며, 지향성은 몸의 존재하는 방식이다. 이로써 우리는 몸의 지향성을 이해할 수 있게 된다.

메를로-퐁티의 몸지향성은 지향호지향궁, 지향적 호, arc intentionnel라는 표현에서 더 분명하게 의미가 전달된다. 지향성을 설명하기 위해 arc활, 활모양의 물체이라는 개념을 사용하는 것은 우리가 모든 관계 속에 위치하고 있음을 표현하기 위해서이다.[15] 우리는 사물 혹은 타인을 인식하는 것이 아니라 그들과의 관계 속에서 자신을 드러내는 것이다. 이는 인간의 몸만이 아닌 사물의 몸에도 적용된다. 지향궁인 몸은 다른 몸을 마치 보자기로 감싸 안듯이 관계 맺는다. 이때 관계는 만지고 느끼는 그런 몸들의 관계이다. 그래서 몸지향성은 몸 지각으로 다시 설명될 수 있다.

사랑을 예로 들어 보자. 사랑이란 무엇인가? 그것은 누군가를 그리워하는 마음이라고들 한다. 그런데 그 그리움의 정도가 어디까지여야 사랑이라고 말할 수 있는 것일까? 만일에 그것의 정도와 범위를 정하고, 그만큼의 그리움이 사랑이라고 정해 둔다면, 우리는 그만큼의 그리움이 어느 정도인지 가늠하지도 못한 채, 막연하게 사랑의 순수함과 위대함을 이야기하게 될 것이다. 그렇게 된다면, 우리는 어느 순간 사랑하는 것에 행복해하는 자신이 아니라 사랑이라는 '개념'을 사랑하는 자신을 발견할 수 있겠다. 안타깝게도 그런 사랑은 박

15 "이 지향호(弧,arc)는 우리의 주위에서 우리의 과거, 미래, 인간적 환경, 물리적 상황, 이데올로기적 상황, 도덕적 상황을 기투하며, 아니, 오히려 우리가 그러한 모든 관계 속에 위치 지어지도록 한다. 감각의 통일성, 감각과 지능의 통일성, 감성과 운동의 통일성을 이루는 것은 바로 이 지향적 호이다."(메를로-퐁티, 『지각의 현상학』, 218쪽)

제되어 갇혀 버린 유물에 지나지 않는다.

그러나 사랑했던 기억을 떠올려 보자. 그때 우리는 어떠했을까? 사랑은 밀당으로 인한 갈등이 아니라, 충만해지는 느낌이다. 그 느낌을 내 것으로 가지기 위한 밀당은 단지 기술일 뿐, 사랑 자체는 아니다. 사랑은 생각도 아니고 계획도 아니다. 사랑은 사랑하는 행위로 나타난다. 사랑이라는 행위는 사랑이라는 느낌을 수반한다. 사랑은 사랑을 함으로써 알려지게 된다는 의미다. 사랑해 보지 못한 사람은 결코 알 수 없는 것이 '사랑'이며, 사랑은 사랑함으로 진정한 모습을 드러낼 수 있다는 것이다. 사랑은 그 관계에 있는 존재들을 사랑이라는 특별한 세계로 이끌어 내게 된다. 그런데 몸 없이 어떻게 가능하겠는가? 몸 없이 어떻게 관계를 맺을 수 있겠는가? 그 몸이 어떠한 몸이든 말이다.

9 지각perception

인식론적 구조에서 지각 이론은 인식론이다. 근대 인식론자들은 지각하는 사람이 어떻게 대상을 파악할 수 있는가 하는 문제에 관심을 가진다. 그들에게 지각하는 사람은 주체이며, 주체가 모든 문제의 중심이 된다. 우리는 이렇게 생각하는 사람들을 이성-주체중심주의자라고 본다.

인식을 위한 최초의 단계는 경험이다. 경험 없이 인식은 불가능하다. 경험은 지각을 가능하게 한다. 경험된 것을 지각하고, 지각한 것을 믿고 그 믿음이 정당화될 때 지식은 성립된다. 그러나 대상의 경험을 객관화하기 위해 지각하는 사람은 그 대상과 적절한 거리를 두어야 한다. 게다가 정확하게 인지하기 위해 대상은 내 앞에 고정되어야 한다. 이때 대상은 인식론자들에게 수동적 존재자일 뿐이다.

문제는 관념론자들이 말하듯 우리가 직접적으로 알 수 있는 것은 지각된 것, 즉 관념일 뿐이라는 점이다. 외부 실재에 대한 직접적인 앎이 불가능하다. 다시 말해 관념만 있다면 사물 자체를 알 수 없게 된다. 만일 경험된 것만이 실재라고 말할 때도 상황은 달라지지 않는다. 경험 감각들의 연합[16]과 추론으로 인식이 가능하다고 주장하는 경험론자들도 관념론자들의 상황과 다르지 않다. 순수 감각과 회상에 대한 연합주의l'associationisme는 인상의 정도에 따라 순수 지각과 회상을 구별한다. 근대 인식론자들은 순수 지각이 있듯이 순수 인상la pure impression도 존재한다고 말한다. 그러나 시간이 지나면 인상은 흐려지고 회상을 통해 떠올린다. 회상은 지나간 희미한 기억이기 때문에 약한 인상이다.

근본적인 문제는 이분법적인 인식론에 있다. 인식론의 문제는 관념과 실재의 문제를 불러일으켰고, 타자 존재 증명이라는 심각한 과제를 남겼다. 인식론은 순수 자아와 순수 감각들을 전제로 한다. 특히 관념론자들의 이론에 따르면, 순수 자아가 대상과 관계 맺으며 경험적 자아가 된다. 그런데 과연 순수 자아와 순수 감각들의 실재를 드러낼 수 있을까?

16 원자론적 인식, 요소주의적 인식이라고도 한다. 요소주의(elementalism)는 구성주의라고도 불리며, 현대 심리학의 중요한 학설이다. 요소주의는 경험에 의해 형성된 심리 현상이 몇 개의 요소로 구성된다고 보는 입장을 가지고 있다. 모든 심리 현상이 요소들의 결합에 의해 구성된다고 주장한다. 근대인식론은 심리학주의의 영향 아래 있다고 보아야 할 것이다.

그럼에도 불구하고 근대인들은 인간이 이성적 활동을 통해 대상을 인식하거나, 혹은 경험을 추론해 인식하는 방법을 선택했다. 그러나 그 방법은 근본적인 것에서 문제를 발생케 했다. 주체가 대상을 안다고 했을 때 그것의 타당성을 확증할 수 없었기 때문이다. 무엇이 옳은 것인지, 무엇이 참인지 모르는 상태에서 참과 거짓을 판단할 수는 없다. 참과 거짓에 대한 이성적 판단은 현실적 삶에서 무수한 예외 사례를 만들어 내면서도 그 능력에서 감정적인 것들보다 우위를 차지하고 있었다.

근대 철학의 지각 이론 자체가 최대 난제이다. 현상학은 이 문제를 해결하려는 새로운 시도이다. 메를로-퐁티는 근대인들의 인식론, 즉 지각이 이성적 활동을 통한 인식에 의해 형성된다고 보는 것을 '지각에 대한 편견'이라고 한다. 메를로-퐁티는 요소주의적 사고에 비판적 입장을 취한다. 순수 인상은 없다. 단지 있다면 지각의 상황, 지각장이 있을뿐이다.

우리가 어떤 대상을 지각할 때, 우리는 그 대상만 지각하는 경우는 없다. 우리가 주의를 기울여 바라보는 대상을 바라볼 때, 그 모양la figure과 그 대상의 바탕le found이 함께 눈에 들어온다. 그렇다면 우리는 대상을 바라볼 때, 어떤 틀을 가지고 바라보는 것일까? 지각은 개별적이고 순수한 감각들의 연합이 아니라 온몸 지각이기에 공감각적이라고 해야 한다. 우리가 무엇인가를 아는 것은 개별 감각의 총합을 통해서가 아니라 보고 듣고 만지는 모든 상황 속에서 드러남으로써이다.

메를로-퐁티는 지각의 본래적 모습을 회복해야 할 필요가 있다고 역설한다. 이를 위해 메를로-퐁티는 두 가지 관점에서 지각에로 접근할 것을 제안한다. 첫 번째는 이성이나 지성이 지각을 판단하는 근거가 아니라, 몸이 지각 경험의 원초적 근거라는 점이며, 두 번째는 지각 경험은 믿을 수 없는 감각과 감정을 배제하는 것이 아니라 공감각적인 감성적 인식과 감정을 포함해야 한다는 것이다.

메를로-퐁티는 지각이 이성적 판단의 영역이 아니라는 것에 주목한다. 그렇다면 어떤 지각인가. 메를로-퐁티는 지각을 이해하기 위해 몸을 이해해야 한다고 말한다. 몸 이론은 지각 이론이기 때문이다. 몸은 감정을 가지고 있다. 느낄 수 있는 몸이다. 따라서 몸인 지각은 세계에 감정적으로 다가간다. 그래서 몸 지각에 와 닿는 지평인 세계는 몸의 주의와 관심을 받고, 느낌 안에서 펼쳐지는 세계다. 몸의 관심은 만지고 더듬고 살펴보며 감정을 주고받으면서 서로를 이해한다. 그것은 이성적 판단의 영역이 아니다. 내가 너가 되고, 너가

* **무엇이 배경이고 무엇이 내가 보고자하는 형태일까? 숲을 주목할 때 말 타는 여인은 전경으로 물러나 의미를 상실한다. 그러나 갑자기 나를 끌어당기는 여인, 나는 그 끌림에 이끌려 여인을 바라본다. 이제 나무와 숲이 전경으로 밀려나 의미를 상실한다. 의미와 무의미는 이렇게 교차하며 세계의 깊이를 만들어낸다.** 르네 마그리트(René Magritte), 「백지 위임장, Le blanc-seing」, 81x65cm, 1965, 워싱턴내셔널갤러리.

내가 되는 그러한 몸이다. 이를 사랑이 아니고 무엇으로 설명을 할까.

메를로-퐁티의 지각 이론은 게슈탈트 이론[17]의 도움을 받는다. 그 이론은 무늬가 갑자기 배경이 될 수 있고, 배경이 갑작스럽게 무늬가 될 수 있음을 보여 주고 있다. 지각이 상황 속에서 세계를 여는 방식이다. 상황을 벗어난 어떤 것도 있을 수 없다. 그저 붉기만 한 붉은색은 없다. 장미꽃의 붉은색이며, 붉은 우산의 붉은색이며, 핏빛의 붉은 색이다. 같은 붉은색이라 하더라도, 이 모든 붉음은 같은 붉음일 수 없다. 붉은 장미는 어떤 이에게는 사랑이며 또 다른 어떤 이에게는 복수의 상징일 수 있다. 지각은 항상 의미le sens와 함께 있다. 지각은 교접 작용이자 짝짓기다.

지각은 교류하는 것이며, 지향적인 감각이다. 몸은 스스로 지각하며 정립해 나간다. 그래서 지각의 주체는 스스로 자기의 세계를 펼쳐 내는 고유한 몸이다. 지각은 지각적 장 속에서 몸주체의 실천적 종합에 의해 대상의 의미를 드러낸다. 그러므로 지각은 몸된 주체의 고유한 존재적 성격으로서 '세계-에로-존재'의 기초적 방식을 가진다.

17 게슈탈트 이론은 1부의 3장 "메를로-퐁티의 몸현상학"에서 다루었다.

*전통 철학에서 지각의 부정적 측면들로 기만, 착각, 환각이 있다. 메를로-퐁티는 이러한 것들마저 긍정적 요소로 평가한다. 대중 문화 속에서 상상력과 함께 나타나는 이러한 지각의 성격은 생활 세계의 한 양상으로서 의미를 지닌다. 이는 영화, 미술, 컴퓨터 산업 등에서 디지털 기술과 접목해 대중 문화를 주도하는 기반이 된다. 따라서 메를로-퐁티의 지각은 단순히 대상을 받아들여 구성하는 인식 수단이 아니라, 모든 지식의 근거가 되는 원초적 지각으로 이해될 수 있다.

10 몸주체몸, Corps 프

근대 이분법적 인식론에서는 정신과 물질, 영혼과 육체, 인간과 자연이라는 이분법적 구조에서 세계와 인간을 이해했다. 이러한 이분법에서 주체로서 간주되었던 인간, 영혼, 정신에 밀려 판단의 대상에 머물고 말았던 자연, 육체, 물질 개념을 주체 개념으로 소환해 온다는 점에서 메를로-퐁티의 현상학은 현대 철학의 디딤돌로서 역할을 하고 있다.

몸은 더 이상 대상도 객체도 아니다. 생리적 기계도 아니며 인과율에 지배받는 물리적 몸도 아니며, 이성에 의해 통제되고 조절되는 몸이 아니다. 그렇다면 그에게 몸이란 무엇일까?

몸은 지각하기도 하며 지각되기도 한다. 그러므로 몸은 주체이자 대상이다. 메를로-퐁티는 몸의 이중 감각을 통해 그것을 잘 드러내고 있다. 두 손을 맞잡아 보라. 두 손을 꼭 잡을수록 손은 잡으면서도 잡히고 있음을 분명히 알 수 있다.

* **라파엘로의 삼미신은 정숙, 청순, 사랑을 상징한다. 이 그림의 주제와 상관없이 우리는 이들이 개체이면서도 연결된 존재임을 말하고자 한다. 이들은 관계 속에서 개체화되고 있는데, 이때 관계는 주-객의 관계가 아닌 몸주체간의 관계다.** 라파엘로(Raffaello Sanzio), 「세 가지 은혜, The Three Graces」, 17x17cm, 1504, 콩데박물관.

그러니 몸이 주체와 대상이라는 역할을 번갈아 한다고 생각하면 오산이다. 몸은 주체의 능동성과 객체의 수동성을 동시에 가지고 있다. 실존은 육화된 의식을 의미한다. 육화된 의식이란 의식이 몸과 따로 존재해 매개를 통해 만나는 것이 아니며, 몸은 곧 의식이라는 관념론적 의미도 아닌 제3의 길을 의미한다. 몸주체는 지각함과 지각됨이라는 역동성을 지닌 실존적 차원의 존재자로 이해된다.

몸은 더 이상 수동적이기만 하지 않고 능동성을 동시에 가지고 있다. 그래서 메를로-퐁티에게 몸은 주체이다. 이로써 몸은 배제되었던 존재 권리를 회복할 수 있는 계기를 마련한다.

'주체' 개념에는 몇 가지 문제가 발생한다. 전통적으로 사용되어 왔던 주체 개념에는 언제나 상관자로서의 객체 개념이 따라붙기 때문이다. 중심이 되는 것을 주체라고 하며, 객체는 주체에 의해 판단되는 것을 의미하기 때문이다. 현대 철학의 새로운 흐름들에서 '객체' 지향 철학이 부각되고 있는 이유는 배제되어 왔던 존재들을 회복하자는 의미로 받아들여진다. 그런 의미에서 보자면, 메를로-퐁티의 주체 개념과 객체 지향 철학은 같은 맥락에서 살펴볼 수 있다. 즉 주체에 대비된 객체가 아니라, 그동안 '객체'로 격하되었던 것들의 권리 회복이다.

메를로-퐁티에게 몸주체는 객체로 대상화되었지만, 그것을 부정하는 것이 아니다. 오히려 몸이 객체성과 주체성을 동시에 가지고 있다고 설명함으로써 몸과 몸들 간의 동등한 관계를 부각하게 된다. 몸들 간의 관계는 인식 주체와 인식 대상 간의 관계가 아니라 몸주체와 또 다른 몸주체로 이해되어야 한다. 그렇기에 몸은 다른 몸과의 사이에서 서로에게 열려 있어 변신하고 합체 가능한 잠재태로서 기능한다. 몸과 몸의 관계가 세계를 열어 가기 때문에 몸주체들은 주어진 세계를 그대로 받아들이지 않는다. 몸들은 관계 속에서 세계를 열어간다는 점에서 사실적이다.

11 고유한 몸le corps propre 프

우리는 모두 몸을 가지고 있다. 그 몸들은 모두 고유하다. 세상에 단 하나뿐인 몸이기 때문이다. 이 몸은 살이 있는 몸이고, 체험하고 체험되는 몸이며, 현상적 몸이다.

몸은 객관적으로 판단될 수 없다. 정상인 몸과 비정상인 몸도 없다. 아름다운 몸과 아름답지 못한 몸도 없다. 그럼에도 불구하고 판단될 수 있다. 이때의 판단이란 보편적이고 이성적 판단이 아니라, 몸들 간의 관계에서 오는 감정의 영역이다.

한때, 어린 시절 남학생들은 복도에 앉아 지나가는 여학생들에게 점수를 매기곤 했다. 여학생들도 남학생들을 판단하곤 했을 것이지만, 남학생들의 판단기준은 대체로 몸이었다. '여성'이라는 객관적 범주에 가두고 몸을 등급으로 판단했다. 장애와 비장애를 결정하는 것도 몸의 정상성이라는 기준에 따른다. 근대 이후 정상성은 다수에 포함되었고, 비정상성은 소수의 문제로 밀어내었다. 몸을 객관화하고 밀어내는 순간 우리의 몸은 혐오의 대상으로 전락하고 만다.

어떤 몸이건 몸들은 그 자체로 고유성을 가진다. 그럼에도 불구하고 고유성은 묵살되고 있다.

몸들은 서로를 마주보며 감싸 안는 몸들이다. 그래서 몸들은 보기도 하며 보이기도 한다. 다른 몸을 보기 위해 나는 몸을 노출하며 이리저리 움직이지 않는가. 숨은 채 나는 다른 몸들을 자유롭게 탐색할 수 없다. 그렇게 몸과 몸은 서로를 탐색한다. 서로를 탐색하는 가운데 몸은 각자의 방식으로 스타일화한다.

고유한 몸은 영속성을 가진다. 몸의 상태가 어떻게 달라진다고 해도 나는 몸인 나이기 때문이다. 후설이 자유 변경을 통해 확보한 본질은 메를로-퐁티에게서는 지속성 혹은 동일성을 가지는 몸으로 이해되어야 한다. 그렇게 몸은 영속성과 불변성을 가진다. 몸은 실제적 대상이며, 부재하는 대상이며 사라질 대상이지만 하나의 동일한 대상으로서의 영속성을 가진다. 그러나 어떻게 그것이 가능한가? 메를로-퐁티는 그 가능성을 습관에 의해 형성된 몸틀에서 확인한다. 이 문제는 다음 장에서 다룰 것이다.

고유한 몸은 몸과 몸이 얽혀 세계를 여는 것처럼, 이

중 감각의 주체가 된다. 메를로-퐁티는 두 손을 맞잡을 때의 감각을 예로 든다. 두 손은 각각의 주체이기에 세계를 여는 잠재적 능력을 가졌고, 동시에 그 세계를 가능하게 하는 대상으로서 질료적 성격을 가진다. 나의 왼손으로 오른손을 만질 때 나의 오른손은 만져짐에도 불구하고 만지는 것처럼 여겨진다. 즉 몸은 대상적이면서도 주체적임을 확인하는 사례라 할 것이다. 한 몸의 두 감각인 까닭에 몸은 바로 이중 감각의 주체가 되는 것이다. 메를로-퐁티가 몸의 표상을 말하지 않고 느끼는 몸으로 이해하는 이유이다.

몸은 감정적 대상이기도 하지만 감정적 주체이기도 하다. 어느 날 길을 걷다가 못에 찔렸다. 그래서 발이 무척 아프다. 그런데 발이 고통의 원인이 아니다. 못에 찔려서 발이 아픈 것이다. 만일 어떤 일에 골몰하느라 못에 발이 찔리는 것도 모른 채 일을 했다고 하자. 이때 나는 고통을 못 느낀다. 만일 발이 고통의 원인이라면, 못에 찔린 발은 당연히 아파야 한다. 그러나 아프지 않았다는 것은 발이 고통을 못 느꼈다는 것이다. 고통이라는 감정의 주체가 바로 발이기 때문이다.

몸은 운동 감각의 주체이다. 나는 아침 일찍 테니스장에 간다. 라켓을 들고 공을 칠 때 나는 그 공이 어디쯤 오는지 가늠하고 적당한 장소에서 휘두른다. 이 순간에 나는 테니스 공이 위치하는 지점과 라켓이 그 공과 맞닿을 지점을 설정하지는 않는다. 공이 오는 순간 나는 위치를 직관적으로 가늠할 수 있다. 이미 테니스 라켓은 내 몸의 확장이며 확장된 내 몸이 공을 직접 만지는 것이기 때문이다.

고유한 몸의 공간성은 위치의 공간성이 아니라 상황의 공간성이다. 테니스 라켓을 휘두를 때 공이 원하는 곳에 제대로 닿으면 나는 몸의 경쾌함을 느낀다. 그때 나의 몸은 자연스럽게 제자리를 찾게 될 것이고 다시 공을 치기 위한 준비 자세로 돌아온다. 상황의 공간성은 이렇게 내 몸이 어디에 어떻게 자리해야 하는지 먼저 알고 있다. 몸은 이렇게 상황에 따라 규정되는 위치이다.

12 주관성主觀性, subjectivity영, subjectivité프, Subjektivität독

주관성은 자아와 의식이라는 두 개의 근본 요소를 지닌 포괄적 개념이다. 의식과 자아는 같지 않다. 자아는 자기의식을 이른다. 자기의식은 소유된 의식이며, 의식 작용의 흐름을 관통해 동일성을 가지게 된다.

자아는 실체가 아니라, 반성에 의해 알려진다. 이때 자아는 내용으로 알려지지 않으며 다른 모든 작용의 가능적 원리이다. 따라서 자아는 경험되지 않고, 오직 경험하는 주체로서 등장할 뿐이다. 그런 이유로 경험주의자 흄은 자아를 부정한다. 경험되지 않는 자아를 전제한다는 것 자체가 경험주의자의 입장에서 허용되지 않기 때문이다.

가. 경험적 자아

의식 현상들은 데카르트적 용어로 설명하자면, 사유하는 자아ego cogito, 사유 작용cogitatio, 사유된 것들cogitata이다. 내가 지각하는 것은 의식 대상이 되고, 의식 대상은 사유된 것들이 된다. 사유된 것들은 사유 작용을 통해 사유하는 자아, 즉 코기토와 관계 맺는다. 코기토는 데카르트가 방법적 회의를 통해 도출해 낸 명석 판명한 자아이다. 데카르트에게 코기토는 더 이상 다른 것으로 환원될 수 없다는 점에서 순수 자아가 된다. 매순간 경험을 통해 드러나는 자아이므로, 데카르트의 코기토는 순간적이며 일시적이다. 그래서 코기토는 기뻐하고 슬퍼하며 판단하고 생각하는, 그러한 경험적 자아일 수밖에 없다. 코기토는 순간의 영원을 담지하는 자아이므로 경험들의 연속성을 설명해 내지 못한다. 다시 말해 코기토는 과거-현재-미래의 시점들을 조망하지 못한다. 후설은 데카르트의 문제점을 선험적초월적 자아를 통해 해결하려 한다. 후설에 따르면 경험적 자아는 선험적초월적 자아의 세속화이기도 하다.

경험적 자아는 자연적 태도 속에서 대상과 관련되어 나타난다. 자연적 태도란 구체적인 삶과 관련해서 이해되는 태도라고 할 수도 있다. 선험적초월적자아는 경험적 자아의 동일성을 보장한다고 하더라도 드러나는 것은 경험적 자아이다.

나. 순수 자아

경험들은 시간의 흐름 속에서 변화하는데, 순수 자아는 변화하지 않는다. 그것은 경험을 가능하게 하는, 다시 말해 경험의 원천이자 모든 경험적 자아들의 동일극으로서의 경험이자 체험의 가능 근거가 된다. 순수 자아는 동일성을 유지해야 하는데, 후설은 순수 자아의 동일성을 자아의 습득성으로 설명한다. 습득한다는 것이 마치 경험적이라는 말로 오인될 수 있으나 습득성Habitualiten이 경험적 자아가 아닌 순수 자아의 것이라는 점에 유의하자. 자아는 역사를 가진다. 시간의 흐름 속에 있다는 말이다. 어떤 경험도 없는 순수한 자아는 시간의 흐름 속에서 역사의 옷을 입게 된다.

예를 들어 투명 인간이 자신의 모습을 드러내기 위해서는 불투명한 옷을 입음으로써 그 형태를 드러내는 것과 같다. 그런데 이 옷들은 시간의 흐름 속에서 변형되거나 바뀌게 된다. 그럼에도 불구하고 그 옷을 걸치고 있는 투명 인간이 달라진다는 것을 의미하지는 않는다. 어떤 옷들을 입을 것인가에 따라 투명 인간은 자신의 모습을 멋지게 변신시킬 수도 있다. 즉 능동적인 변화이다. 이는 바로 순수 자아의 속성이며, 이것을 습득성이라 할 수 있다. 자아는 역사를 가지며, 그 역사를 근거로 해서 자아는 그에게 습득적으로, 동일한 자아로서 존속하는 하나의 자아를 창출한다.

순수 자아는 감정Affektionen 독, 촉발, 수동적과 행동Aktionen 독, 작용, 능동적이라는 속성을 가지고 있다. 따라서 순수 자아는 체험들의 흐름 가운데서 자신의 삶을 영위하는 그러한 자아라고 하겠다. 순수 자아는 슬퍼하는 '나', 고통스러워하는 '나'라는 경험적 속성을 벗어버릴 수 없다. 그럼에도 불구하고 순수 자아는 내용 없이 존재해야 한다. 그리고 각각의 경험들이 동일한 자아인 나에게 관계되어 있다.

다. 자아극極, pol 독과 대상극

경험적 자아는 경험을 통해서 드러나는 자아이지만, 경험들을 제거하고 나면 남게 되는 동일한 자아로 수렴된다. 이것이 자아극이다. 각각의 대상들도 마찬가지다. 대상들은 동일한 대상극을 가지지만 그럼에도 불구하고 대상들의 내용들은 계속 변화하고 새로워진다. 그리고 그러한 변화들은 자기 내에 침전물이 되어 쌓인다. 자아극과 대상극은 노에마 노에시스의 지향적 구조를 설명할 때 다시 다룰 것이다.

* **투명 인간이 자신의 모습을 드러내기 위해 서는 불투명한 옷을 입음으로써 그 형태를 드러내는 것과 같다.** 샤를 마틴 (Charles Martin), 「별」, 1924.

라. 선험적초월적 자아transzendental ego 독, 선험적초월적 주관성

후설에 따르면 선험적초월적 자아가 없다면 동일성으로서의 자아를 해명할 수 없다는 점에서 필요불가결한 자아이다. 후설은 사물 자체를 밝히는 일을 본질 파악으로 보았다. 이는 앞서 설명했듯이 본질 직관이념화 작용에 의해 가능하다. 선험적초월적 자아는 바로 본질 직관의 가능 근거가 된다.

선험적초월적 자아는 순간에 머물고 마는 경험적 자아를 하나로 응집시켜준다. 그러므로 경험적 자아는 선험적 자아 없이 자아로서 의식할 수 없다. 또한 선험적 자아는 세계와의 관계 속에서 나타나는 경험적 자아이기도 하다. 그러나 경험적 자아는 자신이 선험적 자아임을 모른다. 반면에 선험적 자아는 세계 내에서 경험적으로 발견될 수 있는 자아임을 이해하는 순수 자아이다. 판단 중지를 통해 현상학자는 자신을 초월적 위치에 둔다. 다시 말해 현상학적 태도를 가진 현상학자는 '무심한 방관자'이자, 존재 믿음을 버린 자아, 판단 중지를 통해서 존재 타당성에 대해 더 이상 묻지 않는 자아에 근거해 있다.

그런 점에서 선험적 주관성은 필증적apodiktisch[18]이다.

18 Ⅱ-2의 <현상학적 인식, 직관, 명증성> 참조할 것.

필증적이라는 것은 의심 불가능한 확실성을 의미한다. 부정한다는 것 자체가 모순인 것이다. 예를 들어 모든 것을 의심해도 의심할 수 없는 것을 의미한다.

마. 논쟁이 되었던 번역어[19]

1) transzendental 독

후설은 이 용어를 칸트로부터 차용순수이성비판 B25한다. 이 용어의 의미는 대상을 직접 문제 삼지 않고 주관에서의 대상 인식 방식으로 시선을 돌리는 것을 의미한다. 또한 후설은 모든 인식 형성의 궁극적 원천으로 되물어가려는 동기라고 말한다.『경험과 판단』48 이하

최재희 선생은 트랜젠덴탈을 <선험적>으로 번역했다. 어원은 라틴어의 transcendo, trans넘어서, 위로와 scando상승하다의 결합으로 이루어진 동사이다. 초월론적 원리라고 할 때의 '초월'이라고도 한다.

백종현 선생은 트렌젠덴탈을 초월적경험을 벗어나 있으면서 동시에 경험의 가능성을 성립시키는 조건과 관련으로 번역하는 것이 가장 합당하다고 주장한다. 또한 그것은 경험 인식을 가능하게 하는

....

19 백종현, 칸트철학에서 '선험적'과 '초월적'의 개념 그리고 번역어 문제, 한국칸트학회 논문집, 칸트연구, 제25집, 2010. 6.

것이다.백종현, 8쪽 참조 트렌젠덴탈을 정험적, 선험적, 선험론적으로 옮기는 것은 어원상으로 트렌젠덴탈과는 상관이 없는 의역이라는 것이다.

2) transzendent, transzendentes

최재희 선생은 초월자의 초월, 순수이성비판에는 초월로 번역한다. 여기서 초월적이라는 말은 경험에 선행하면서 동시에 경험적 인식을 가능하게 하는 상황 모두를 지칭할 때 쓰인다. 칸트의 철학을 트렌젠덴트초월 철학이라 부를 때, 이는 경험 인식을 가능하게 하는 조건을 탐구하는 철학이라는 의미를 담고 있다.

백종현 선생은 트랜젠덴트를 초험적경험을 벗어난이라고 번역한다. 어원적으로 트랜젠덴탈과 동근어인 트랜젠덴트는 '초월하다, 혹은 넘어서다'의 뜻을 갖는 transcendere에서 유래한 중세 라틴어 형용사 transcendentalis초월한, 초월적와 분사 transcendens초월하는, 초월해 있는의 독일어 형태이다. 이중 형용사 트랜젠덴트는 라틴어 동사 임마네레immanere안에 있다, 부착해 있다의 분사 임마넨스immanenes의 독일어 형태 임마넨트immanent내재하는, 내재적와 짝을 지어 자주 쓰인다. 이러한 어원적 유래로 인해 칸트의 '초월적'이라는 개념을 이해하는 데 장애가 된다고 한다.

백종현 선생은 철학적 문헌에서 트랜젠덴탈과 트랜젠덴트가 상호 교환 가능한 말이므로, 둘 다 초월적이라는 말을 써도 되겠지만, 근대 이후 트랜젠덴트와 임마넨트는 서로 짝이 되어 사용되기 때문에, 트랜젠덴트는 초험적감각 경험을 넘어서 있는, 또는 초재적이라고 별도로 구분하는 것이 좋다고 제안한다.

트렌젠덴즈 transzendenz는 후설이 초월자를 총칭하기 위해 사용하기도 하며, 초월적인 것의 성격을 지칭하기도 한다. 초월은 의식을 초모든 것의 공통된 특성이다. 초월자는 초월한 개별자를 의미한다.

3) a priori

최재희 선생은 아 프리오리를 '선천적'으로 번역한다. 그러나 번역에 혼용이 오므로, 그대로 '아 프리오리'로 표기하기도 한다.

백종현 선생은 아 프리오리를 '선험적경험과 독립되어 있는'으로 번역해야 한다고 제의한다. 어의상으로 볼 때, 이 말은 '보다 이전으로부터의', '먼저의', '선차적', '선행적' 등을 의미한다.

백종현 선생에 따르면 아 프리오리를 '선천적'으로 쓰

* 독일 철학자 칸트는 평생 자신의 고향 리니히스베르크에서 벗어난 적이 없다. 그의 묘비명에는 "내 마음을 늘 새롭게 감탄과 경외심으로 가득 채우는 두 가지가 있다. 그것은 내 위에 있는 별이 빛나는 하늘과 내속에 있는 도덕률이다" 라는 문구가 새겨져있다.

칸트의 철학은 「순수이성비판」에서 순수이성의 한계를 비판적으로 고찰했기에 그의 철학을 비판철학이라고도 한다. 칸트 이후 독일관념론은 칸트의 물자체에서 출발했고, 최근의 사변적 실재론자들은 칸트의 상관주의에서 문제를 시작한다. 칸트철학은 한국에서 번역문제로 논쟁이 이어져왔다.

거나 번역어 선택의 어려움 때문에 그냥 '아 프리오리'라고 발음대로 표기하기도 하고, 어떤 이는 문자적으로 '선행적' 또는 '선차적'이라 번역해 쓰기도 하지만, 칸트철학이나 칸트철학의 영향 아래에서 전개된 철학적 논의에서는 '아 프리오리'를 '선험적'으로 옮겨 쓰는 것이 가장 적절하다고 제안한다. 다만 라틴어나 그에 상응하는 그리스어의 원뜻대로 한다면 '선차적', '선행적'이라고 옮겨도 무방하다고 말한다.

4) a posteriori

백종현 선생은 '보다이후로부터의', '나중의', '후차적', '후속적' 등으로 번역한다. 이 개념은 옥캄에서도 발견되며, 어형 a priore/a posteriore는 둔스 스코투스에서도 등장한다. 또한 아리스토텔레스에게서 발견되는데, 이에 상응하는 그리스어 표현은 프로테론/히스테론이다.

* 백종현 선생은 '아 프리오리'를 '선천적'으로, '아 포스테리오리'를 '후천적'으로 번역하는 것은 데카르트의 '본유 관념idea innata'과 이것에 얽힌 애매함을 충분히 살피지 않은 탓이라고 비판한다.

칸트는 아 프리오리를 안게보렌angeborenconnatus, innatus, '생래적'으로 번역과 구별해 사용하며, 모든 경험으로부터 독립적으로 혹은 대상지각에 앞서 있는 것으로 이해한다. 반면, '아 포스테리오리'는 경험적인 것을 의미한다고 말하고 있다. 그래서 아 프리오리는 선험적경험 감각에 앞서는 것, 아 포스테리오리는 후험적경험 감각에 의존하는 것으로 해석하는 것이 옳다고 주장한다.

13 초월transzendenz 독과 내재immanenz 독

후설은 현상학적 환원에서 초월과 내재를 중요한 개념으로 등장시킨다. 내재적인 것 혹은 내재라는 말은 의식 체험에 속하는 것이다. 내적 지각innere Wahrnehmung 혹은 내재적 지각immanente Wahrnehmung은 능동적 반성 의식이다. 슬픔이라는 감정이 있다고 하자. 이 슬픔은 내적 지각의 지향적 대상이다. 그것은 하나의 사고 작용을 의미한다. 내실적 내재의 반대가 물체의 초월이다. 비내실적 내재ireele Immanenz는 지향적 내재이다.

초월은 내재의 반대 개념으로 사용된다. 모든 사물은 모두 초월이다. 왜냐하면 의식 바깥에 있다고 생각되기 때문이다. 그러나 사물은 또 의식 체험의 구성요소이기도 하다. 그래서 타자의 의식 체험에 속하는 것도 초월로 간주한다. 다만 초월은 의식을 떠나서는 그 의미를 지니지 못한다는 의미에서는 내재적 초월이 된다. 후설은 초월을 노에마, 즉 의미 대

* **고흐의 〈별이 빛나는 밤〉의 풍경에서 우리는 고흐의 심란하고 힘겨운 상황을 짐작해 볼 수 있다. 고갱과는 사이가 안 좋아졌고 화가로서 인정받지 못하고 동생에게 생활비를 받아 써야 했던 시기에 고흐는 자신이 보았던 아름다운 밤하늘을 화폭에 표현했다. 노란색 별들과 달 그리고 나무가 물결치듯 하늘을 덮고 있다. 그에게 별, 달, 나무는 어떤 의미로 다가왔을까? 그림 속에서 많은 것이 읽힌다. 고흐가 어떻게 표현하건 별, 달, 나무의 본질은 변하지 않기에 우리는 이 그림을 이해할 수 있는 것이다.** 빈센트 반 고흐(Vincent Van Gogh), <별이 빛나는 밤>, 73.7x92.1cm, 1889, 뉴욕현대미술관.

상으로 파악한다. 그것은 의식의 지향적 상관자로서 존재한다.

124 실재성real existence

실재성real existence은 관념성과 대비를 이루는 개념이다. 독어의 real과 불어에서 독어로 귀화한 reell이라는 두 형용사의 명사화이다. 이 개념은 라틴어의 res사물, realis사물적인를 동일한 어원으로 한다. 실재성은 사물이 눈 앞에 있음, 즉 현전성을 의미한다. 실재성의 범주는 현상, 현실 존재, 현실성 등과 관련된다.

실재성의 문제는 현대 철학에서 새롭게 대두되고 있다. 실재한다는 것이 본질의 문제라면, 그 본질이 관념적인가 아니면 물질성에 있는가의 문제에서, 현대 철학자들은 유물론을 새롭게 해석하며 신유물론적 입장을 제기한다.

전통 철학에서 본질의 문제는 플라톤에서부터 시작되었고, 본질과 실재는 그 구별이 명확했다. 특히 중세에 이르러 이 구별은 중요한 논쟁거리가 되었다. 왜냐하면 중세에는 신 존재 증명과 맞물려 있었기 때문이다. 그러나 철학사에서 다루는 관점은 무한 존재자로서의 신이 유한 존재자와 어떻게 다른가, 어떻게 구별되는가의 문제를 더 근원적으로 보았다. 스콜라철학에서의 본질과 실재에 관한 논의 과정을 살펴보면 다음과 같다.

가. 본질과 실재

본질과 실재 간의 문제는 신학적 의미에서 기독교 이론의 여러 문제들과 관련되어 있기 때문에 해결되기가 어렵다. 그랬기에 논쟁은 꽤 지난한 세월 동안 지속되었다.

본질과 실재 간의 논쟁을 이해하기 위해 우선 무한 존재자와 유한 존재자를 구별해야 한다. 무한 존재자는 자기 자신에게서부터 비롯된 존재자이며, 유한존재자는 다른 것에서 비롯된 존재자다. 이러한 구별은 중세 철학의 일반적 구별이지만, 근본적으로는 헬레니즘의 신플라톤적 구별이기도 하다.

무한 존재자는 본질 자체이다. 따라서 어떤 목적을 위해 나아갈 필요가 없고, 가능성이 배제된 순수 현실태이다. 중세적 의미에서의 '신'은 아니다. 아리스토텔레스는 순수 현실태를 부동자 혹은 순수 형상본질이라고 한다. 고대 철학자에게 본질은 실재하는 것이었으므로 문제가 되지 않았다. 다만 존

* **조명 빛에 본래의 색을 잃은 벚나무, 그러나 본래의 색이 라는 게 있는 것일까?** 오하라 고손, <밤에 피는 벚꽃>, 1926.

재자가 문제가 될 뿐이었다.

존재자ens라는 어떻게 파악되는가? 존재자는 현실적인 것이며, 또 존재자는 개념 내용이자 의미로 파악된다. 형상eidos 혹은 본질은 존재자의 모습을 구성한다. 그래서 본질을 본성natura라고도 한다. 아리스토텔레스에게서 그것은 자연physis 개념에 해당한다.

본질을 가능적인 것이라고 본다면, 칸트에게서 실재성은 가능성으로서 개념 파악이 된다. 존재자는 실재하고 있는 그 자체이므로, 칸트적 의미로 본다면 사물성이다. 만일 현재분사로 이해한다면 존재자는 실재existentia의 계기로, 명사적으로 이해될 때는 사물성res 또는 본질의 계기가 된다. 존재자와 사물성은 서로 치환되는 개념이다. 스콜라철학에서 사물성은 '무엇임guiddita'무엇quid에서 형성이라 지칭한다. 지금 손에 들고 있는 만년필은 물성을 지니고 있다. 토마스 아퀴나스에 따르면 실재esse란 현실태actualitas, 에네르게이아이다. 그것은 개별적 형상이기도 하며, 본성의 현실성이다. 하이데거에 따르면 실재성은 실존론적-존재론적으로 현존재의 존재에 근거한다. 즉 현존재의 존재 방식인 세계-내-존재로서 현존한다는 것이다.

메를로-퐁티의 실재는 지각과 관련해서 전개된다. 메

를로-퐁티는 환각도 착각도 지각의 한 양태라고 한다. 착각이나 환각은 잘못 알려진 지각이지만, 그것은 실재성을 가진다는 것을 의미한다. 다만 실재성의 정도에 따라 '반영들reflects, 환영들fantômes, 사물들choses'로 나누어 구별된다.

15 지평Horizont 독

후기의 후설 철학을 지평의 현상학이라고도 할 만큼 지평은 생활 세계와 함께 후기 후설 철학에서 중요하게 다루어지는 개념이다. 지평의 원래적 의미는 그리스어인 horizein에 있다. 이 말은 '한계짓다 혹은 경계선을 긋는다'라는 것을 의미한다.

지평은 일종의 배경이자 역사성이다. 이때 배경은 잠재적인 지각장의 공현전共現前을 의미한다. 아직 현실화되지 않은 상태이므로, 비현실적이기도 하다. 그것은 후설이 지평을 의식의 구조 안에서 말하고 있기 때문이다. 따라서 지평의 원천을 '의식'이라고 본다.

의식이 지향적 구조를 가지고 있는 이유는 의식이 주어져 있는 것을 넘어 다른 것을 향하고 있기 때문이다. 이때 의식이 지시하는 것, 혹은 지향하는 것들이 의식의 지평을 형성하는 것이다. 그래서 지평은 아직은 반성되지 않은 비반성

* **고택의 구조를 알고 있는 우리는 자연스럽게 사랑채를 거쳐 안채로 향한다. 마치 낯선 건물에 들어가서도 우리는 그 건물에서 화장실을 찾고 뒤뜰을 거닐며 건물 전체를 이해하는 것과도 같다.** 강원도 강릉시 문화예술과(국가문화유산포털), 「김정희 선생 고택 안채에서 바라본 문간채」, 2015.

적 체험의 영역에서 발견된다. 후설은 『데카르트적 성찰』에서 지평을 미리 묘사된 잠재태라고 정의 내렸다. 아직 체험되고 있지 않음에도 불구하고 미리 묘사 가능한 것이기 때문이다.

내가 지금 바라보고 있는 흩날리는 벚꽃잎은 직관적으로 현전하는, 즉 단일한 음영일 뿐인데도 불구하고, 봄날의 아름다운 벚나무를 지각할 수 있다. 그것이 가능한 이유가 바로 지평 지향성horizontal intentionality 때문이다. 후설에게 지평과 세계는 다르지 않다. 후설에게 지평이 미규정적이라면, 그것은 어떤 가능적 공간이자 유동적 공간이며, 후설에게 세계는 미규정적 세계로서 열려 있는 장이 될 것이다.

후설은 의식 체험에서의 지평은 노에마적 지평이기도 하고, 노에시스적 지평이기도 하다. 후설은 노에마적 지평을 지각장이라고 하는데 의식 체험되는 사물의 음영들이 지각장을 형성하기 때문이다. 후설은 지향성으로서의 의식의 구조에 속하는 노에시스적 지평을 예료豫料, Antizipation라고 한다.

여행 중에 아름다운 건축물을 보게 되었다고 하자. 우리는 아직 그 건물의 뒤편을 보지 못했지만 그 건축물의 뒤편을 이미 생각하고 그것을 예료라고 한다. 예료는 여기에 그치지 않는다. 우리가 그 건물의 뒤로 돌아가 건물의 다채로운 모습을 보면서 그 건물이 전혀 새로운 건물이 아닌 동일한 건물임을 아는 것도 바로 예료에 의해서이다. 다시 말해 예료하면서 통각하는 것이다. 통각된 단일한 물체인 이 건물은 선험적초월적 주관성의 구성적 수행이다.

16 감각과 지각적 장champ프

감각은 어떤 장에 속한다. 시각적 장을 가진다면, 시각적 존재들의 체계에 접근하고 열리는 것이다. 여행 중 만나게 되는 아름다운 풍경에 시선이 이끌렸을 때, 내 기억에는 내 시선이 끄는 것들로 가득 차게 될 것이다. 그곳을 떠나 누군가와 그 기억을 더듬어 그곳의 풍경을 이야기할 때, 뜻밖의 이야기를 듣게 될 수도 있다. 그리고 내가 보았던 것이 전부가 아니었다는 사실에 놀랐을 것이다. 눈으로 보았던 아름다운 풍경은 실제로 그곳에서 불어오는 향기와 새들의 소리, 물이 흐르는 소리들이 만들어 낸 것이다. 보지 못했던 사물들의 지평뿐 아니라 공감각적 지평이 있었던 것이다. 어쩌면 나는 시각적 풍경이 아닌 청각적 상황에 빠졌을 수도 있다. 새 소리는 산들산들 불어오는 바람이 주는 촉감으로 인해 더 감미로웠다는 사실을 깨닫지 못한 채. 그러므로 지각적 장은 대상-미완결의 개방 상태로서 익명의 지평을 가지고 있다고 보아야 한다. 미완결된 대상들이 개방 상태에 있으면서 그 각각의 대상들이 세계의 바탕이 되거나 무늬를 그려 내며 장을 형성해 나간다고 말하고 있다. 그러므로 지각적 장은 대상적 공간이 아니라 지각된 세계이자 지각된 공간으로서의 장이다.

우리의 감각은 개별적 감각으로 분리되지 않는다. 감각한다는 것은 세계를 친숙한 환경으로 만들어 낸다는 것이다. 감각한다는 것은 몸을 가지고 있다는 것을 의미할 뿐 아니라, 세계의 몸들이 두께를 가진다는 것을 의미한다. 따라서 감각은 지각적 장으로 이해되어야 한다.

19 자연적 태도,
자연주의적 태도, 인격주의적 태도

후설은 자연적 태도를 현상학적 태도와 구별하고 후설은 자연적 태도를 자연주의적 태도와 인격주의적 태도로 나눈다. 자연적 태도는 실재에 대한 존재 믿음을 가진 태도이다. 자연적 태도를 가진 이들은 반성 없이 주어진 질서에 순응하며 살아간다. 이들을 소박한 실재론자들이라 하며, 이들은 일상적 삶을 살아가는 사람들이다. 알려진 사실을 의심 없이 받아들이며, 그것이 진리라고 믿고 사는 사람들이다. 자연적 태도에 근거해 세계의 믿음을 가지는 것을 '자연적 태도의 일반 정립'이라고 부른다.

자연적 태도는 다시 자연주의적 태도와 인격주의적 태도로 나누게 되는데, 인격주의적 태도란 인간 삶에서의 자연스러운 태도이다. 우리가 살아왔던 방식에 의문을 가지지 않은 태도를 말한다. 그동안 그렇게 살았기 때문에 앞으로도 그렇게 살아야 한다는 것이다. 여성은 여성스러워야 당연하

＊ **이 그림은 동물을 의인화하여 표현되었지만 우리는 이 그림에서 인간과 동물의 존재론적 동등성을 발견하고자 한다.** A. Cheyère,「Les Chats Coiffés」1825, The MET Museum.

며, 남성은 남성스러워야 자연스럽고 당연하다는 인식도 마찬가지이다. 만일 그렇지 않으면 오히려 부자연스럽다고 생각한다. 인격주의적 태도에서 벗어난다는 것은, 일상에 묶인 당연하다고 여겨진 많은 삶의 규정들이 당연하지 않다고 생각하고 다시 들여다본다는 것을 의미한다. 인격주의적 태도는 생활 세계적 태도이자 일상적 태도이기도 한다. 자연적 태도란 이처럼 일상에 대한 고정관념들이 편견이라는 것을 모르고 살아가는 삶에서 나타난다.

자연주의적 태도는 인격주의적 태도로 살아가는 우리의 자연스러운 태도에서 정신적 의미를 인위적으로 배제할 때 갖게 되는 태도이다.

예를 들면, 어떤 사람들은 개가 인간에 비해 매우 열등한 존재이기 때문에 인간과 동등한 대우를 받을 수 없다는 생각을 한다. 더욱이 개를 식용으로 길러도 괜찮다고 생각하는 사람들은 개를 위한 의료시설이나 여타 복지시설 등을 쓸데없는 일로 간주한다. 인간의 필요 여부에 따라 개의 존재가치를 매기게 되는 것은 개에 대한 인간의 삐뚤어진 편견 때문이다. 우리는 이러한 편견이 데카르트로부터 비롯되었다고 본다. 데카르트의 이원론에 따르면 인간은 정신과 물질이라는 두 실체로 이루어져 있고, 정신이 물질을 지배 혹은 통제한다고 생각했다. 동물은 정신적 능력이 없으므로 물질, 즉 자동기계와 다를 바 없다는 것이다. 따라서 개는 인간과 같은 정신적 능력을 가지지 못한 자연으로 간주되어 왔다.

자연주의적 태도의 상관자는 자연이다. 자연주의적 태도에서는 자연을 대상화하고 도구화하려는 경향을 보인다. 그래서 자연주의적 태도에서는 물질적 하부층을 심적 측면보다 더 중요하게 여긴다. 후설은 자연주의적 태도가 모든 것을 자연화함으로써 인간의 정신적인 측면을 다루지 못한다고 비판한다. 자연주의적 태도는 인격적 자아의 자기 망각의 일종으로서, 사물을 자연과학적 태도에서 보는 태도이다. 문제는 물리적 현상뿐 아니라, 인간의 정신 현상들조차도 물리적 인과법칙의 지배하에 있는 것으로 간주한다는 데서 발생한다.

18 | 자연nature

Nature는 Physis생성하다, 일어나다, 싹을 내밀다와 같은 의미이다. 희랍의 자연철학자들은 αρχαι시작, 근원, 지배원리를 물질이라고 생각했다. 중세에 이르러 자연은 신과 분리되면서 초월적인 것이 되었고, 근대에 이르러 자연은 대상이 되었다. 자연은 인간의 노동 대상이었고, 노동 행위는 신성시되었다. 근대인이 이해하는 자연적인 세계는 물체 세계Dingwelt 독이다. 물체 세계는 사회와 구분되는, 사회 밖 외부 환경을 일컫는 대상 혹은 사물로 여겨졌다. 즉 사회와 자연, 인간과 물질이라는 이분법으로 나누어 세상의 질서를 세웠다. 자연은 문화와 대립해 있는 상관자로 이해되어 왔던 것이다.

일상에 찌들어 사는 우리들은 '자연'을 그리워한다. 자연에서 힐링을 꿈꾼다. 그곳은 우리가 사는 사회와는 전혀 다른 곳일 거라고 생각한다. 우리가 보호하고자 하는 자연은 그렇게 사회 바깥에 있는 그런 곳, 즉 유토피아와 같은 곳이

* **근대 이원론은 인간과 자연을 엄격히 구분했다. 근대인이었지만 일원론자였던 스피노자는 인간을 자연의 속성이 드러난 양태로 이해한다. 그에게 인간과 자연은 분리되지 않는다. 인간이 곧 자연이다. 메를로-퐁티에게 자연은 인간의 능동성과 대비되는 수동성으로 표현되지 않는다. 인간이 능동적이면서 수동적인 것처럼 자연도 그렇다. 이 그림에는 여성과 자연이 등가적으로 표현되어 있다.** 오귀스트 르누아르(Renoir), <Nude(La Source)>, 1895.

다. 이때 자연은 일종의 관념이다.

근대인은 자연의 물질적 속성을 부정하지 않는다. 이 물질성에는 공간성 및 연장성이 있다. 물질성이라는 하부 계층을 토대로 심적 자연이 등장한다. 즉 자연이라는 물질성은 물질성 그 자체로서 존재 의미를 가지는 것이 아니라, 자연에 대한 심적 현상이 발생하는 것이다. 자연에 대한 우리의 관념이 그것이다. 자연은 아름답고 순수하다는 것과 같이. 후설도 물질성Materialität에 공간성, 연장성이 있다고 말하고 있다. 물질성은 정신적인 것과 상관관계에 있는 것으로 파악된다. 후설의 지향성 개념도 이와 같은 맥락에서 이해할 수 있다.

메를로-퐁티에게 자연은 후설에게서보다 훨씬 유연하다. 왜냐하면 메를로-퐁티에게 물질성은 수동적이지만은 않기 때문이다. 따라서 메를로-퐁티의 자연을 이해하기 위해서는 셸링이나 스피노자의 도움을 받는 것도 좋다.

스피노자는 자연의 근원적인 힘을 코나투스Conatus[20]에서 찾았다. 코나투스는 자연의 능동적인 측면을 표현한다. 코나투스는 사물들이 자기를 보존하고자 하는 욕망 또는

20 라틴어 코나투스(conatus, 노력, 충동, 성향, 경향 등)는 코너(cōnor, 노력하다)에서 파생되었다. 아리스토텔레스학파와 스토아학파에 의해 개념이 발전되었으며, 데카르트, 라이프니츠, 스피노자, 홉스 등도 이 개념을 사용하고 있다. 코나투스는 지속하고자 하는 의지로서 삶의 본능적인 의지이다. 관성이라는 의미로도 이해될 수 있다.

힘potentia이다. 코나투스적인 인간의 감정이 아펙투스경향, 影响, Affectus이다. 자연의 이와 같은 능동성은 셸링에게서도 찾을 수 있다. 셸링은 근대의 대륙 철학과 영미 철학을 극복하려는 칸트가 남겨둔 물자체에서 문제를 해결하려는 독일 관념론자에 속한다. 그에 따르면 자연은 스스로 생명을 지니고 활동한다. 자연이 실재성을 확보할 수 있는 것은 포텐츠potenz이며, 셸링은 자연 속에서 무의식적 지성의 창조 활동을 말하고 있다.

이처럼 근대인의 자연에 대한 전반적인 이해는 기계론적이지만, 그럼에도 불구하고 스피노자와 셸링 등의 철학자들은 자연의 기계론적 해석에 대해 비판적으로 접근하며, 자연의 능동성을 해명하려 했다.

이들에게서 자연은 능동적 주체로서의 지위를 회복하지만, 여전히 타자에 머물러 있다. 메를로-퐁티는 자연과 인간, 물질과 정신의 경계 자체에 의문을 던지고 있다. 자연은 인간과 별개의 것으로, 물질은 정신 바깥에 있지 않다는 것이다. 인간과 인간의 관계는 정신적 교류가 아닌 몸들 간의 교류이며, 이때의 몸은 몸주체이자 몸 의식으로 존재한다. 그래서 몸은 자연몸이다. 인간몸이 있듯이 바다몸이 있고 나무몸이 있다. 이 몸들은 자연이라는 물질성으로 연결되어 있다. 자연은 서로 얽혀 있는 공동의 지반을 형성하고 토대를 만든다.

그러므로 자연은 더 이상 낯설고 신비로운 대상이 아니다. 만일 자연이 낯설다면, 인간은 자신을 낯설어하는 것과 같다. 때때로 자신을 객관화하면서 낯설어하기도 하지만, 우리는 이내 자신을 확인하고 다시금 자신으로 돌아오게 된다. 자연과의 관계도 마찬가지다.

메를로-퐁티는 후설이 비판하듯 조작하는 과학을 비판하고 살아 있는 몸인 자연을 긍정하고 있는 것이다.

19 몸틀신체 도식, le schema corporel, bodily scheme 프

몸틀은 몸의 가능적 조건이자 몸 자신le corps propre이다. 우리는 리듬에 맞춰 춤을 추거나, 길을 걷다가 갑자기 날아온 공을 피할 수 있다. 이것이 어떻게 가능할까? 메를로-퐁티는 몸의 이와 같은 특성을 몸틀로서 설명해 낸다.

메를로-퐁티는 몸틀을 도입하기 위해 몸의 공간성에 대해 말한다. 지금 나는 책상 앞에 앉아서 글을 쓰고 있다. 그런데 내 몸이 책상 앞에 있다는 이 말은 연필 옆에 지우개가 놓여 있다는 것과 같은 의미는 아닐 것이다. 내 몸과 책상의 관계는 서로에게 감기듯이 관계 맺는다. 내 몸의 일부인 팔이 책상 위에 놓여 있고, 손가락이 노트북 위에서 움직이며, 내 얼굴이 노트북을 향해 아래로 내려보고 있다는 식으로 나열되는 것이 아니라는 것이다. 내 몸이 몸틀을 유지하며 일관되고 통일성을 유지하듯, 나는 책상과의 관계에서 통일된 몸을 형성한다. 내 몸은 팔과 다리, 몸 등의 집합이 아니라 통일적인 전체이다. 그것이 가능한 이유가 바로 몸틀 때문이다.

메를로-퐁티가 말하고자 하는 몸틀은 변하지 않은 단단한 틀이 아니라 역동적으로 변화 가능한 것이다. 몸틀은 다른 몸들과의 관계에서 개조되기도 한다. 몸틀이 개조되기 위해서는 반복이 필요하다. 우리는 그것을 습관이라 한다. 늦잠에 익숙해진 몸은 아침을 먹지 않아도 거뜬하지만, 새벽에 일어나야 하는 일을 하게 된다면, 처음에는 이른 아침 기상이 괴롭고 잘 먹지 않은 아침을 먹어야 하는 불편을 겪지만, 어느새 그런 일상이 반복되면 습관이 된다. 그래서 알람을 맞추어 억지로 일어나는 아침이 아니라, 당연한 듯 새벽에 눈이 뜨고 가볍게 아침을 챙겨 먹을 수 있게 된다.

습관은 장님의 지팡이의 사례로도 설명된다.

어느 날 사고로 시력을 잃은 사람이 있다. 그는 낯선 상황에 처해 버렸다. 자유롭게 외출을 할 수도 없었고, 누가 와도 그 사람이 누군지 목소리를 듣고도 얼른 알아차릴 수 없다. 두 팔을 휘휘 저으며 앞에 무엇인가가 있는지 살피는 모습이 상상되면서 참을 수 없는 괴로움에 빠졌다. 그런데 언젠가 TV에서 시각장애인이 지팡이를 들고 안내견의 도움을 받아 제법 편하게 외출을 하는 모습이 떠올랐다. 그는 도움을 받기로 마음 먹었다. 일단 시각장애인에게 필요한 지팡이를 구하고 점자 교육도 받기 시작했다. 처음에는 지팡이가 손에 익지 않아 땅의 충격이 팔로 전해지기도 했다. 그러나 어느 순간 지팡이에 눈이 달린 듯 땅과 지팡이의 끝의 위치가 가늠이 되기 시작했다. 자연스럽게 지팡이는 내 팔의 감각을 이어받고 있는 것이다.

몸틀은 습관을 통해 개조할 수도 있지만, 몸틀은 마치 정신이 확장되듯 다른 몸들과의 관계를 통해 확장되기도 한다. 몸이 몸의 공간성을 스스로 확보해 나가며 몸틀을 만들어 가기 때문이다.

위의 사례를 본다면, 인간 몸과 지팡이라는 비인간 몸이 연결되어 하이브리드로 변신한 것으로 보아도 되겠다.

아직 하나의 몸과 다른 하나의 몸이 만나 어색할 때, 우리는 그때의 세계를 낯선 세계라 한다. 시간이 흘러 낯선 체험이 익숙해질 때, 우리는 비로소 진정한 관계 맺음을 통한 하이브리드적 존재가 된다. 시각장애인의 손에 들린 지팡이는 이제 그의 새로운 팔이 되어 주고, 지팡이에게는 인간 몸이라는 다른 몸이 생긴 것이다. 지팡이 몸과 시각장애인의 몸은 좋은 관계가 되었다. 우리는 이러한 관계를 몸의 확장이라고 말한다. 이제 지팡이는 인간의 몸 관점에서의 감각이 생길

* **근대인식론자들은 감각기관으로 감각자료들을 받아들인다고 말한다. 눈으로는 시각자료를, 귀로는 청각자료를 받아들인다는 것이다. 어느 날 시각을 잃은 사람은 세상을더 이상 볼 수 없다는 절망감에 사로잡혀 아무 것도 못할 수 있다. 그러나 시간이 흘러 그 사람은 눈이 아닌 귀와 손의 촉감으로 세상을 더 잘 볼 수 있게 될 것이다. 시력을 잃은 몸은 새로운 습관을 만들고, 새로운 몸틀을 구성한다.** 베르나르 부테 드 몽벨(Bernard Boutet de Monvel), 「Les yeux innocents」, 1914, The Rijksmuseum.

것이며, 인간 몸은 지팡이 몸의 확장이 되어 바닥을 감각하게 될 것이다.

몸틀은 지팡이로 인해 개조되었고, 몸은 상황의 공간성을 새롭게 획득하게 된 것이다. 몸은 몸이 원하는 방식에 따라 수시로 새로운 공간적 가치를 만들어 낸다. 몸은 비로소 과거의 몸에서 벗어나 새로운 몸으로 변신할 수 있게 된 것이다. 몸은 세계와의 관계 속에서 자신을 구조화하는 존재이다.

지각되는 세계가 전체적으로 하나의 세계로 지각될 수 있는 것은 몸틀 때문이다. 내가 신나게 북을 친다면, 그 북소리와 북은 일치가 된다. 내가 신들린 듯 노래하는 순간, 나는 목소리가 된다. 몸틀로 구성되는 몸은 공감각적 세계이다. 이 세계는 지성에 의해 판단되는 세계가 아니다. 그래서 몸틀에 따라 바라다보는 방식이 다르다. 건축가의 눈과 화가의 눈이 다른 이유다. 각각의 몸은 수행하고자 하는 과제가 다르다. 그것은 몸틀이 다르기 때문이다. 몸은 경험 가능성의 근거이다. 공간적인 것과 시간적인 것의 통일성이며, 상호 감각적인 통일성, 운동 간의 통일성이라고 한다.

20 허체 현상, 환상지phantom limb 프

지각의 한 현상인 환상지는 메를로-퐁티가 『지각의 현상학』에서 다루는 병리학적 현상인 질병부인증anosognosia, 환각hallucination, 운동신경장애apraxia, 정신분열증schizophrenia, 히스테리들 중 하나이다.

몸틀이 무너졌을 때 우리는 장애를 느끼고, 그것을 부정하는 질병부인 혹은 환상지를 경험한다. 더 이상 교감이 불가능한 상태임에도 몸은 교감하기를 바라기 때문에 몸은 꾀를 낸다.

메를로-퐁티는 환상지를 다리가 절단된 환자의 사례로 설명한다. 환자는 절단되고 없는 다리에서 심한 통증을 느끼고 괴로워한다. 도대체 무슨 이유일까? 생리학적 설명에 따르면 환상지는 잘린 다리의 신경에서 나온 감각 정보가 뇌를 자극 발생하는 현상이다. 신경체계의 기능으로 설명될 수 있는 생리학적 현상은 뇌로 연결된 신경선을 제거하게 되면, 사

* **습관적인 몸과 현행적인 몸은 다르다. 그러나 우리는 그 두 층을 가지고 있지만 환상지 환자는 그 두층을 가지지 못한다. 습관적인 몸이 걷고 뛰어다니며 만졌기에 현재 몸이 그럴 수 없는 상태라하더라도 현행적 몸을 자기몸으로 인지 못하고 예전의 습관적 몸만을 인지한다. 마그리트의 "붉은 모델"은 화가의 의도와 같지는 않을 테지만 우리는 상상할 수 있다. 내가 신고 다니는 신발은 몸의 연장 혹은 확장된 몸이다. 일상의 나는 걷다가 신발을 벗겨졌을 때, 맨발인 나를 인지한다. 현행적 몸과 습관적 몸이 다르다는 것을 아는 것이다.** 르네 마그리트(René Magritte), <붉은 모델(Le modèle rouge)>, 56x46cm, 1935, 조르주 퐁피두센터.

라진다. 그런데 문제는 심리학적으로는 이 문제가 해결되지 않는다는 점이다. 어떻게 없는 다리를 실재 다리가 있었던 바로 그 지점에서 있는 것처럼 느껴지는지에 대해서는 설명이 불가능하다. 비슷한 사례로 질병부인증이 있다. 이 경우는 불구의 팔을 인지하지 못하는 경우이다.

현상적 몸은 팔이 절단되기 이전의 익숙한 세계가 몸에 익혀져 있다. 이 세계가 실천적 장이며 몸틀에 의해 설명되는 세계몸이다. 환상지를 느낀다고 하더라도 실재로는 팔이 없음을 안다. 그럼에도 불구하고 몸은 팔을 생생하게 느끼는 것이다. 마치 더 이상 내 곁에 없는 그 사람의 부재를 인정하지 못하는 것처럼, 고개를 돌리면 언제나처럼 그가 웃으면서 바라보고 있음을 느끼는 것과 같이. 그렇기에 몸 이미지는 단순한 표상으로 간주될 수 없는 것이다.

환상지 환자는 습관적인 몸과 현행적인 몸이라는 두 층을 가지지 못한다. 습관적인 몸은 다리가 있는 상태이다. 그러나 현행적인 몸에는 다리가 없다. 못 움직인다. 그런데도 몸은 습관적으로 걷기 위해 발을 앞으로 쑥 내밀지만 결과는 뻔하다. 앞으로 꼬꾸라져 넘어질 것이니. 그리고 깨닫는다. 내게는 다리가 없구나. 새로운 몸틀이 생겨 습관이 바뀌지 않는 한, 이 행위는 계속될 것이다. 몸의 습관은 사람과의 관계에서 더욱 분명해질 것이다.

더 이상 내 곁에 없는 그의 부재를 습관적 몸이 받아들일 때까지, 나는 그가 올 시간에 커피를 준비할 것이고, 문제가 생겼을 때 그에게 먼저 전화를 돌리려 할 것이다. 그러나 그는 오지 않을 것이고, 전화음에 그는 응답하지 않을 것이다. '그는 더 이상 내 곁에 없구나' 하고 느끼는 순간이 반복되어 드디어 새로운 습관이 생기고 몸틀이 생기고 나면, 나는 더 이상 그를 기다리지 않을 것이며, 문제가 생겼을 때 그를 자연스럽게 떠올리지 않게 될 것이다. 이는 현전하고 있지 않은 것을 지각하면서도 마치 현전하는 이중적 방식, 즉 반성적 암묵적 코기토의 차원에서 이중적 방식으로 체험하는 방식이다.

* 뇌의 가소성可塑性, plasticity

뇌는 극한 상황에 처해 있을 때 새로운 상황에 대처하기 위해 새로운 회로를 조직해 내는 능력을 가지고 있다. 이를 뇌의 가소성이라 한다.

아마도 여러분들도 한두 가지 경험을 가지고 있을 것이다. 손가락이 잘려 나갈 뻔했을 때, 차 문에 손가락이 끼어 터지듯 찢어져 버렸을 때, 통증을 느끼지 못할 때가 있다. 실제로 통증은 치료 후에 서서히 나타난다. 전쟁영화를 볼 때 전장에서 싸우는 군인은 총을 맞아 피를 흘리면서도, 혹은 팔이 잘려 나가서도 칼을 휘두르는 모습을 볼 수 있다. 용감해서 고통을 참는 것인가 아니면, 영화적 효과인가. 우리의 일상에서의 경험을 볼 때 그것을 실재적 상황임을 알 수 있다. 뇌는 극한 상황 속에서 자신을 보호하기 위해 통증을 마비시키는 것이다. 팔이 잘리는 고통 때문에 적이 코앞에서 내게 칼을 들이대도 아무것도 하지 못한다면 나는 꼼짝없이 죽고 말 것이다.

21 장애Disability

장애는 결핍을 의미한다. 그것은 존재의 결핍이다. 인간은 신처럼 완전하지 못한 존재라고 여긴 고대에서는 인간을 결핍된 존재로 여겼다. 인간이 결핍된 존재일 수밖에 없는 가장 결정적인 원인은 몸에 있다. 몸은 물질성을 가진 탓에 다른 물질들과 충돌할 수밖에 없다. 이에 비해 정신 혹은 영혼은 어떤 부딪힘도 없다. 그래서 자유롭다. 장애가 없다.

그러므로 인간에게 몸이 없다면, 인간에게 장애란 존재하지 않을지도 모른다. 그러나 몸 없는 인간이 존재할 수 있는가? 몸인 인간은 자신의 결핍을 채우기 위한 노력으로 완벽한 몸을 꿈꾼다. 완벽한 몸을 가지지 못한다면 적어도 정상적인 몸이기라도 해야했다.

정상과 비정상이라는 이분법적 틀이 만들어지면서 장애가 등장했다. 정상이 아닌 존재를 장애로 간주하고, 이들에게 자신들의 존재론적 결핍을 전가하면서, 결핍의 상태에서 빠져나오는 것이다. 이제 모든 비정상, 혹은 장애는 정상적이라고 분류된 그러한 몸을 가진 사람들에 의해 재배치되면서, 그 세계에 속하지 못하고 배제되는 존재들에게만 붙여지게 되었다.

메를로-퐁티에게 몸은 그 자체로 존재적 가치를 가진다. 각각의 몸들이 있을 뿐, 여기에 정상과 비정상이라는 구분에 의해 장애의 문제를 다루지 않는다. 우리는 누구나 장애를 가지고 있지만, 이때의 장애란 "관계에서 겪는 트러블"이다. 몸을 가진 존재는 트러블을 겪을 수밖에 없다. 트러블이 존재들의 속성이다. 그러니 장애는 몸의 속성이지 결핍이 아니다.

장애는 모든 존재들이 연대와 소통이 필요한 존재임을 역설하는 말이기도 하다. 그러나 연대와 소통이 무한정 열려 있는 것은 아니다. 몸이 주체인 이유가 여기에 있으며, 몸이 장애를 가지고 있다는 말도 여기에 있다. 몸은 모든 곳에 열려 있지 않고, '어떤' 곳에서 열린다. 그래서 각자의 세계는 다양하고 몸은 고유하다.

22 상호주관성, 공동주관성 Intersubjektivität 독

데카르트 철학의 심각한 문제라면, 유아론을 들 수 있다. 타자 존재를 증명할 수 있는 방법이 없었기 때문이다. 왜일까? 데카르트에게는 생각하는 나의 확신만큼은 분명하다. 그러나 물질적 실체와 정신적 실체를 나누어 놓은 탓에 물질인 몸속에 들어 있는 타인의 정신적 실체를 인지할 수 없었다. 데카르트에게 몸은 타자의 영혼을 담은 통일 뿐이므로, 몸속에 들어 있는 타자의 영혼을 어떻게 알 수 있겠는가? 후설은 데카르트의 문제를 해결하기 위해 상호주관성의 문제를 언급한다.[21]

후설은 우선 선험적 경험의 지평 안에서 '나에게 고유한 것'을 확정해야 한다고 말한다. 나에게 고유한 것은 나 자신이다. 고유하고 독특한 나는 세계를 조망하면서, 타자가 어

21 후설은 이 문제를 『데카르트적 성찰』에서 중요하게 다루고 있다.

떻게 세계 의미를 규정하고 나타내는지를 주목할 필요가 있다. 규정을 하면서 또 규정된 것을 추상해 내는 과정에서 남는 세계는 객관적 세계이다. 후설에게 이 객관적 세계는 타자가 드러나는 세계이자 공동주관성의 세계가 된다. 이로써 타자 가능성이 열리게 된다.

객관적 세계는 자아-공동체이다. 객관적 세계에는 다수의 자아가 나타난다. 그래서 세계는 상호주관적이며, 선험적인 상호주관성은 상호주관적으로 고유한 영역을 가지게 된다. 이로써 공동주관성, 즉 상호주관성은 객관성을 확보하게 된다. 다만 독립적인 개체들이 공동의 통일체를 이루기 위해서는 객관적 시간이 필요하다. 다시 말하자면 개체들이 함께 연대하고 소통할 수 있는 가능성이 객관적인 시간이라는 것이다. 그리해 후설의 후기 철학에서 공간은 시간에 토대를 두게 된다.

23 상호몸성, 상호신체성intercorporéite 프

메를로-퐁티에 의하면 상호주관성은 주관성과 분리되지 않는 것으로, 현재의 경험 안에서 과거의 경험을, 나의 경험 안에서 타자의 경험을 되살려 낸다. 경험들의 세계는 상호주관적 세계이며, 이 세계는 동시에 고유한 몸 경험들의 총체가 된다.

이로써 메를로-퐁티에게 상호주관성의 문제는 상호몸성intercorporéite의 문제로 넘어간다. 메를로-퐁티는 『기호들』에 수록된 논문 「철학자와 그의 그림자」에서 이 개념을 사용한다. 메를로-퐁티에 따르면 상호주관성의 문제, 달리 말하자면 타자의 문제는 상호몸성의 문제이다.

지각의 장에서 나타나는 몸들은 관계 속에서 고유성을 가진다. 그 몸들은 각각이 고유한 개별성을 지니기에 고유한 몸들이며, 동시에 고유한 몸주체로 상호몸성을 가질 수 있게 된다. 상호 간의 몸들이 소통할 수 있는 것은 지각의 장에서 몸들이 서로 엮여 동일한 구조를 만들어 낼 수 있기 때문이다. 이렇게 몸은 몸틀을 구성해 간다. 몸틀은 고유한 몸들이 새로운 몸을 만들어 가는 토대이다. 이렇게 몸들은 서로가 서로를 포착함으로써 상호몸성을 가진다. 그러나 상호몸성은 개별성을 드러내기 이전에는 익명으로 존재한다.

*

데카르트의 방식으로 인간을 이해한다면 우리는 결코 타인을 이해할 수 없다. 물질성을 가지지 않은 영혼은 우리에게 감각되지 않는다. 그것의 개별자를 확인할 수 없다는 말이다.

영화나 드라마를 보면, 영혼은 누군가의 몸을 빌리지 않고서는 자신을 드러낼 수 없다. 물성이 관계에서 어떤 중요성을 가지는가를 보여 주는 지점이다. 단적으로 말하자면, 모든 형상은 물성을 가진다. 그리고 그것 외에 다른 것은 없다. 몸을 잃은 영혼이 타인의 몸을 빌어 나타나거나 꿈속에서 물질적 형상을 지닌 채 나타난다고 해도, 우리가 알 수 있는 것은 그 몸뿐이다. 그 몸은 하나의 실체로서 존재하는 것이 아니라, 개별적 사실들로 드러난다. 즉 현존한다는 말이다.

"당신이 지금 보고 있는 그 사람은 실제로 그 사람이 아니라 **이에요"라는 말에서 우리는 당혹감을 느끼며, 정말 그가 **인지 확인하기 위해 두 사람만이 알 수 있는 기억들 맞추어 본다. 궁여지책이다. 메를로-퐁티는 몸속에 들어 있는 영혼을 굳이 알려고 하지 않는다. 영혼을 굳이 거론하자면 몸이 영혼 자체이며, 몸이 정신 자체이기 때문이다. 영혼은 감각되지 않기 때문이며, 감각되지 않지 않은 것은 지각되지 않는 것이다. 메를로-퐁티는 몸과 정신, 그 어디에도 우위를 두지 않고 오히려 지각 자체에 우선성을 둔다. 그래서 메를로-퐁티의 현상학은 몸현상학이지만, 그의 몸을 이해하기 위해 지각이 우선적으로 이해되어야 하는 것이다.

24 세계-에로-존재 l'être au monde 프

현상학적 방법은 인간 존재를 해명할 때, 실존적 존재임을 드러낸다. 인간은 지각장에서 고유한 몸적 존재로 자신을 표현한다. 이때 고유한 몸은 세계-에로-존재의 성격을 지닌다. 존재는 몸이며, 세계는 몸들의 지향적 관계로 구조화되어 있다. 세계와 몸주체는 세계-에로-존재라는 방식의 상관관계로 표현된다.

세계-에로-존재인 인간은 세계 속에로 지향하는 존재다. 인간 몸과 세계 몸은 지향적 궁으로 서로를 감싸 안으며 관계 맺는다. 관계 맺음은 직선적이거나 일대일의 대응 방식이 아니다. 그것은 마치 보자기로 존재를 감싸 안듯이 그렇게 서로를 감싸 안으며 존재 자체에로 향한다.

지향적 관계 속에서 인간 또한 세계이다. 따라서 세계 몸은 인간에게로 지향한다. 그렇기에 세계 몸과 인간 몸은 분리될 수 없다. 메를로-퐁티는 진리는 인간의 내부에 존재하지

* **우리는 생각만으로 글을 쓸 수 없고, 생각만으로 일을 할 수 없다. 내가 무엇을 하는가에 따라 세계는 달라지며 나 또한 달라질 수 있다. 나는 세계 속에서 표현하고 행위하는 존재다.** 프리다 칼로(Frida Kahlo), <가시덩굴 목걸이를 한 자화상>, 49.5x63.5cm, 1940, 텍사스대학교.

않으며, 인간은 세계 존재이며, 자신의 인식도 세계에서 가능하다고 말한다. 우리는 상황 속에서 자신이 해야 할 일을 결정하고, 실천하며 자신의 존재를 열어 밝힌다. 따라서 세계-에로-존재는 생각하는 자아가 아닌 '나는 할 수 있다'라는 특성을 가지고 있다.

25 생활 세계Lebenswelt 독

생활 세계는 구체적 삶의 세계이다. 후설이 회복하고자 했던 추상화되고 이념화되기 이전의 세계이다. 오랫동안 철학은 개별적이고 구체적인 삶의 세계에 대한 관심보다 이념적이고 보편적인 세계에 더 큰 관심을 가지고 있었다. 즉 존재했음에도 존재하지 않았던 삶의 세계에 후설은 의미를 부여하고 이름을 붙임으로써 존재 의미를 드러냈다.

후설에 따르면 과학은 생활 세계를 기반으로 한다. 생활 세계에 관념의 옷을 입힌 것이 과학이라고 보면 된다. 그러나 전통 철학자들은 관념적 세계를 진리의 세계로 이해한다. 생활 세계는 변화무쌍해서 불변하는 진리 세계와 거리가 멀다고 생각했던 것이다. 따라서 그들은 구체적인 삶의 모순에서 벗어나 불변하는 진리 세계에로 나아가야 한다고 생각했다. 후설은 전통 철학자들의 진리 세계에 대한 믿음으로 인해 구체적인 삶의 세계가 은폐되었다고 보았다. 삶의 은폐는 위기 상황을 초래했고, 후설은 생활 세계의 복원만이 학문의 위기와 삶의 위기를 극복할 수 있다고 보았다. 후설은 객관적 시간에 의해 가능하게 된 공동 세계를 생활 세계라고 한다. 관념적 세계는 객관적인 시간을 가지지 않는다.

후설의 생활 세계 개념이 그의 철학에서 전면에 등장한 것은 1930년대 저작에서다. 생활 세계는 환원을 통해 개시되는 근원적인 세계 지평이다. 생활 세계는 과학 세계를 포함한다. 즉 괄호 쳐진 자연적 태도의 세계는 환원의 마지막에 전체적 세계에 포괄되어 생활 세계로 등장한다.

우리는 일상적 삶을 살아가지만, 우리가 알고 있다고 생각하는 그 세계는 판단 중지되어야 한다. 그래야만 본래적 세계의 모습을 확인할 수 있기 때문이다. 우리는 성철 스님이영주 한, 1912~1993의 유명한 법문의 사례로 생활 세계가 어떻게 복원되는지 살펴볼 수 있다.

1. 산은 산이요 물은 물이다: 우리는 이 단계는 자연적 인식의 단계로 보고 있다. 여기는 관습적이고 익숙한 관념이 지배한다. 후설이 괄호를 쳐야 하는 그 세계이다.

2. 산은 산이 아니고 물은 물이 아니다: 관념이 지배하던 세계를 괄호 안에 넣어 판단 중지를 한 상태다. 그러나 부정

이 아니라 보류이다. 이 세계는 마지막에 최후에 본래적 모습을 회복하게 될 것이다.

3. 산은 산이요 물은 물이다: 관념이 지배하던 그 세계는 다시 의미 세계로 나와 본래의 모습을 회복한다. 본질 직관을 통해서 판단 없이 관심을 가지고 대상과 관계 맺으면서 구체적 삶의 세계를 회복하는 단계인 셈이다.

의미 세계의 관점에서 보자면, 우리는 김춘수시인, 한, 1922~2004의 '꽃'이라는 시에서 더 적절한 비유를 발견한다.

"내가 그의 이름을 불러주기 전에는 그는 다만 하나의 몸짓에 지나지 않았다. 내가 그의 이름을 불러주었을 때 그는 나에게로 와서 꽃이 되었다."

후설이 발견한 세계는 내가 이름을 불러 줌으로써 의미가 발생한 그 세계였다.

길에서 만나는 수많은 길고양이는 그저 '길고양이'일 뿐이다. 그러나 어느 날 한 고양이와 눈을 마주치게 되고, 그 고양이에게 밥을 주기 시작하면서 고양이와 나는 관계 맺기를 시작한다. 이제 그 고양이는 그 무수한 길고양이 중의 한 고양이가 아니라 내게 의미가 된 고양이다. 그래서 나는 온통 그 고양이에게 신경이 쓰인다. 비가 오게 되면 그 고양이가 비를 피할 곳이 있을까 걱정하며, 멀리 여행을 가게 되면 굶게 되지나 않을까 걱정한다. 나와 관계를 맺기 전과 맺은 후의 고양이는 여전히 같은 삶을 살게 되겠지만, 그 고양이는 이제 관계 맺기 전과는 다른 의미로 드러난 것이다.

하이데거의 생활 세계는 도구적 연관 속에서 파악되는 세계이다. 관계를 통해 세계는 자기를 무심히 드러낸다. 여행지에 발견한 서점에서 나는 마음에 드는 책만을 발견하는 것이 아니다. 그 책을 쓴 저자를 만나고, 책 표지에서 디자이너를 보게 될 것이며, 책이 진열된 서점의 공간을 만나게 된다. 나는 책을 통해 무수히 많은 도구적 연관 관계를 발견하게 되는 것이다. 그렇게 세계는 한꺼번에 내게 자신을 드러낸다.

후설과 하이데거가 놓친 것이 무엇일까? 왜 메를로-퐁티는 생활 세계에서 출발해야 하지만, 이 세계로 만족하지 못하는 것일까?

메를로-퐁티의 해석에 따르면 세계와의 만남에 어떤 매개가 있어서는 안 된다는 것이다. 중요한 것은 세계와의 직접적인 접촉이다. 그것은 어떻게 가능한가? 우리는 메를로-

* **길고양이는 집사를 선택한다고 한다. 이 말은 길고양이와 집사가 서로가 원해야 한 공간에서 살 수 있다는 것을 의미한다. 그리고 비로소 고양이와 집사는 서로에게 의미가 되며 함께 세계를 열어간다.** 오귀스트 르누아르(Auguste Renoir), <Woman with a Cat>, 1875, The National Gallery of Art, Washington, DC, USA.

퐁티의 세계를 지각된 세계를 통해서 확인해 볼 것이다.

26 지각 세계le monde perçu 프

메를로-퐁티의 관점에서 세계는 지각된 세계이자 지각하는 세계이다. 지각 세계는 온몸 지각을 통해 열리는 공동의 세계이자 구체적인 삶의 세계이다.

메를로-퐁티는 후설과 하이데거가 복원하고자 한 생활 세계가 본래적 세계를 구현내지 못하고 있다고 말한다. 후설과 하이데거에게 세계는 지각 세계가 아니므로 세계와의 직접적인 접촉이 없다. 접촉 없이 세계는 지각되지 않고 알려지지 않는다. 따라서 이 세계는 여전히 편견 속에서 구성되고 말 것이다. 지각 세계를 구체적으로 언급하기 전에 현상적 세계에 대한 메를로-퐁티의 말을 먼저 인용해 보도록 하겠다.

"현상학적 세계는 선재하는 존재의 설명이 아니라 존재의 정초이며, 철학은 선재하는 진리의 반영이 아니라 예술처럼 진리의 실현이다."메를로-퐁티, 『지각의 현상학』, 32쪽 메를로-퐁티는 현상학적 세계가 구체적 삶의 세계이자 진리가 구현되는 장소라고 본 것이다.

몸이 몸을 만나 몸틀을 형성해 가는 세계가 지각 세계이다. 메를로-퐁티는 몸틀을 구조화하는 몸주체를 세계-에로-존재로 표현했다. 그것은 인간이 세계와 구별되는 존재가 아님을 말하는 것이고, 몸과 세계가 매개를 통해 새로운 관계를 맺는 방식을 거부하는 것이다. 몸은 인간 몸이기도 하거니와 세계 몸이기도 하다. 몸은 곧 지각이며, 세계는 지각 세계가 된다.

배는 바다를 떠나 배가 될 수 없다. 신발은 내 발에 신겨서 거리로 나설 때 신발로서의 의미를 가지게 된다. 지팡이는 내 손에 쥐어짐으로써 팔의 연장이 되고 지팡이로서의 의미를 가지게 된다. 이렇게 배, 신발, 지팡이는 나와 배, 나의 발과 신발, 손과 지팡이의 관계가 아니라 몸이 된 배, 몸이 된 신발, 몸이 된 지팡이다. 세계는 몸인 나의 확장된 몸이며, 그래서 몸 세계인 것이다. 동시에 몸 세계는 익명적 세계이다. 몸 세계가 몸인 내가 될 때 비로소 개별적 삶의 특정 지점이 발생하게 된다. 우리는 개체로서 독립성을 가진 듯하지만, 사실상 세계-에로-존재로서 개체화되는 과정 속에 있는 존재일 뿐이다. 개체화 과정 속에서 때로는 배경이 되고, 때로는 무늬가 되면서 몸주체로서의 역할을 하게 된다.

세계와 친숙해진다는 말은 나와 세계가 하나의 통일체가 되었음을 의미한다. 우리는 한 장소에서 오랜 시간을 보내게 되면, 눈을 감고도 거리를 활보할 수 있을 정도로 익숙해진다. 몸인 나는 확장되어 세계 몸이 되어 버렸기 때문이다. 낯익음이 낯섦이 되어 갈 때, 나는 다시 고유한 몸으로서 독특한 스타일을 가지게 된다.

내 몸의 독특한 스타일은 세계와의 관계 맺음에서 구조화된 결과이다. 무수히 많은 유동하는 존재들이 우연히 만나 튕겨 나가는 어떤 사건이 또 다른 사건을 만들어 가는 과정에서 우리는 유사한 패턴을 발견하게 된다. 그 패턴은 독특한 개체로 이름 지어지면서 우리는 몸주체로서의 개별화가 진행됨을 발견하게 된다. 환경은 나의 주변을 일컫지 않는다. 주변은 존재하지 않는다. 그러니 환경이라는 말도 옳은 의미는 아니다. 우리는 지각 세계에서 연결된 몸들일 뿐이다.

좀 더 구체적으로 이해하기 위해 우리는 스트래튼의 안경 실험의 예를 들어보는 것도 좋을 것이다. 이 예는 몸틀을 설명하기에 좋은 예이지만, 몸틀은 곧 지각 세계를 의미하는 것이기에 여기에서 소개하기로 한다.

"사람들이 피험자에게 망막의 상을 정립상으로 고쳐 세우는 안경을 끼도록 한다면, 처음에는 모든 것이 비실재적이고 거꾸로인 것으로 보이며, 다음 날에는 피험자 자신의 신체가 거꾸로 된 느낌을 가지는 것 외에는 정상적 지각으로 되돌아오기 시작한다. 일주일 동안 계속된 두 번째 실험에서 대상들은 우선 거꾸로인 것으로 보이나 처음처럼 그렇게 비실재적이지는 않다. 이튿날에는 그 광경은 더 이상 거꾸로이지 않으나 몸이 비정상적 위치에 있다고 느낀다. 3일째에서 7일째까지 몸은 점진적으로 바로 서고 결국 정상적 위치에 있는 것으로 보인다. 특히 피험자가 능동적일 때 그러하다. … 5일째부터, 새로운 시각 방식에 의해 처음으로 기만당해, 시각의 혼란을 참작해 교정되어야 했던 동작들이 틀리지 않고 자기 목표를 달성한다. … 7일째, 소리의 장소는 소리를 내는 대상이 들리기도 할 뿐만 아니라 보이기도 한다면 정확하게 지정된다. … 실험이 끝날 무렵에 사람들의 안경을 벗긴다면, 대상들은 틀림없이 거구로 보이는 것이 아니라 '야릇하게' 보이고 운동 반응은 역으로 나타난다. 즉 피험자는 왼손을 내밀어야 할 때 오른 손을 내민다." 메를로-퐁티, 『지각의 현상학』, 372~373

세계는 스트래튼의 안경 실험에서 보듯, 현상의 배후

* **우리는 스마트폰으로 정보를 찾고 통화를 한다. 혹은 자동차를 운전하며 장소를 이동한다. 무엇과 관계하는 가에 따라 나는 다르게 변신한다. 자동차는 발의 확장이며 스마트폰은 청각의 확장이자 뇌의 확장이기도 하다. '확장'은 '변신'으로 이해되어도 좋다.** 유리 피메노프(Yuriy Pimenov), <새로운 모스크바>, 1937.

에 본질로서 존재하는 것도 아니며, 그렇다고 의식에 의해 구성되는 세계도 아니다. 세계는 몸과 몸의 연관 관계 속에서 만들어지는, 그러한 세계이다.

27 조건 지어진 자유liberté conditionnée 프

자유는 근대적 개념이다. 개인이 주체가 되면서, 사회 혹은 타인의 구속으로부터 벗어나는 것은 근대인의 가장 근원적인 욕망이 되었다. 근대의 여러 혁명들은 이러한 자유를 향한 욕망의 현상들이다. 그러나 근대인이 꿈꾸는 자유는 사실상 존재하지 않는 자유임을 우리는 안다. 인간이 정신적인 존재인 한에서 자유로운 영혼을 꿈꾸지만, 몸속에 갇힌 영혼은 몸을 벗어날 수 없는 까닭에 우리는 꿈만 꾸다 삶을 마감할 때쯤에서야 몸으로부터 자유로워진다. 그러나 죽음 이후를 '자유'라 할 수 있는가? 이것이 근대적 자유 개념의 아이러니다.

자유는 구속됨이 없는 상태이다. 그러나 몸인 인간에게 구속 없는 자유는 존재하지 않는다. 왜냐하면 몸인 인간은 연결되어 있다는 점에서 서로에게 구속되어 있는 존재이기 때문이다. 사르트르는 인간은 텅 빈 존재이며, 그래서 무無

라고 했다. 인간 존재는 대상과의 관계에서 자신을 드러내기 때문에 대자존재對自存在이기도 하다고 말한다. 그럼에도 어떤 경우에든 인간은 절대적으로 자유로운 존재이다. 왜냐하면 누구와 어떻게 관계 맺는가 하는 것은 절대적으로 주체의 선택 의지에 달려 있기 때문이다. 나의 선택에 끝없이 걸림돌이 되는 존재가 타인이다. 그래서 사르트르에게 타인은 지옥이다. 그러나 이 때문에 선택적 상황에 놓이게 된다는 것도 부정할 수 없다. "타인이 없다면 나의 자유는 가능할 것인가?"라는 물음에 타인이 없다면 나라는 존재 또한 없다는 말로 답을 할 수 있을 것이다.

메를로-퐁티는 인간이 정신적 존재가 아니라 몸적 존재임을 강조한다. 자유로운 영혼 같은 것은 우리의 희망사항일 뿐이다. 그 희망조차 편견에 의해 만들어진 것이지만 메를로-퐁티에 따르면 만일 우리가 자유를 말하고자 한다면, 그것은 '조건 지어진 자유'일 뿐이다.

몸인 나는 상황 속의 나이다. 몸인 수많은 존재들이 상황을 만들어 낸다. 상황이라는 조건 없이 자유는 존재하지 않는다. 메를로-퐁티의 말을 인용해 보자.

"사람들이 어떤 사람으로 해금 실토하도록 고문을 가

한다. 사람들이 그에게서 얻어 내고자 하는 이름과 주소를 그가 제공하기를 거부한다면, 그것은 지원 없는 고독한 결단에 의해서가 아니다. 그는 여전히 자신의 동료들과 함께 있다고 느끼고 여전히 공동 투쟁에 참가하고 있다고 느낀다. 말하자면 말할 수 없었던 것이다." 메를로-퐁티, 『지각의 현상학』, 677쪽

우리는 상황 속에 참여하고 있다. 몸인 나는 상황 속 존재이다. 상황은 자유의 장이며, 지각장이다. 결국 몸은 상황을 만들어 내는 주체이다. 그러므로 참여의 힘 없이 자유도 없다. 상황이라는 조건 없이 자유는 존재하지 않는다.

조금 더 쉽게 접근해 보자. 자유롭게 무엇이든 하라고 내게 어떤 이가 말했다고 하자. 먹고 싶은 것과 입고 싶은 것, 그리고 하고 싶은 것은 무엇이든지 원하는 대로 할 수 있는 자유가 있다는 것이다. 그러나 먹지 않을 자유는 없는 것일까? 결국 나는 먹을 것인가 먹지 않을 것인가를 두고 선택을 해야 하며, 먹겠다고 결심하고 나면 나는 무엇을 먹을지 선택을 해야 한다. 그런데 내게 선택지가 없다면 나는 선택조차 할 수 없다. 자유는 바로 이런 것이다. 내 몸은 필연적 세계에 갇혀 자유롭지 못한 것 같지만, 나는 내가 주어진 상황 속에서 나를 변신시킬 수 있는 역량을 가지고 있다. 이것이 자유

이며, 메를로-퐁티는 이 자유를 조건 지어진 자유라고 말하는 것이다.

가. 자유에 관한 두 가지 전통적인 이론

존재하는 모든 것은 필연적인 연관 관계를 가지고 있다고 보는 것이 결정론이다. 자유에 대한 부정이다. 인과적 설명필연은 선행 사건들과 이에 뒤따르는 사건들을 서로 연결하는 법칙이다.

자유의지론자들은 우리의 행동이 어떤 원인이 아닌, 동기나 이유에 의해서 일어난다고 말한다. 여기서 동기나 이유는 필연적이지 않다. 대체로 목적론적이다. 비결정론자들이라고도 한다.

나. 자유에 관한 사르트르의 견해

자유의지와 결정론에 관한 전통적인 논쟁은 어떤 문제점을 가지고 있는가? 여기에 대해 사르트르는, 동기 없는 행위가 없다고 결정론자들이 믿었던 것에 대해서 자유론자들은 행동에 대한 이유가 어떻게 원인으로 변형되는지를 간과했던 것에 문제가 있다고 말한다.

사르트르의 자유는 대자의 무화, 즉 의식의 자유이다.

대자의 자유는 근원적 자유이자 비자의적 자발성이다. 만일 인간이 외부적 상황에 의해 결정할 수밖에 없게 되었을 때, 그는 어떤 의미에서는 자유롭지 못하다고 말할 수 있겠지만, 그가 그 결정에 따른 것마저도 그의 자유로운 행위라고 사르트르는 말한다. 사람들이 말하는 그 어쩔 수 없는 상황마저 사르트르에 따르면 자유에 의해 펼쳐진 상황이라는 것이다.

『존재와 무』의 사르트르는 무엇보다도, 대자와 즉자의 대립, 존재를 대면하는 의식의 무화 능력과 그 절대적 자유를 강조하는 반면, 메를로-퐁티는 행위와 참여의 힘이 상황 속에서 가능하다고 본다. 메를로-퐁티에 따르면 몸은 역사성과 일반성을 가지고 있다고 본다. 그 몸은 세계 몸과 관계 맺으면서 변신한다. 몸은 불투명하다. 몸 의식이 감각적인 것들과 관계 맺으면서 드러나는 이유이다. 의식은 <순수 대자> 또는 사르트르가 채택한 헤겔의 용어를 빌려 표현하면, <존재의 구멍>이 아니다. 그것은 접혔다가 펴질 수 있는 <존재의 습곡, 주름>이다.

28 살chair 프

살은 몸이 되기 위한 바탕이다. 고유한 몸들은 살이라는 바탕 위에서 매번 자신을 창조해 낸다. 그래서 몸들은 매 순간 새롭고 독특한 몸이 될 수 있다. 다시 말해 몸은 감각하는 몸임과 동시에 감각되는 몸이다. 이 두 차원에서 몸은 절대적인 '여기'라는 토대 위에서 표현된다. 이 토대가 살이다. 세계는 유아론적 관점에서 구성되는 것이 아니라, 몸주체와 얽힘과 교차를 통해 구성된다.

몸주체와 세계의 상관관계에서 존재자들의 결집이 가능한 것이 살로 인해서이다. 살은 물질도 정신도 실체도 아니다. 살의 의미를 이해하기 위해 엠페도클레스의 4원소를 떠올려 보면 좋을 것이다. 4원소란 물, 공기, 흙, 불이다. 메를로-퐁티는 요소element라는 오래된 용어를 사용해서 물질성을 표현한다. 메를로-퐁티에게 살이란 존재의 요소un element de l'Etre이다. 이 말의 의미에서 우리는 깊이 생각해 볼 필요가 있다. 살은 몸이라는 개체로 표현될 것이지만, 그 이전에 살은 아직은 개체가 아니다. 살이 무늬로 드러날 때 그것은 세계 몸 혹은 인간 몸이 된다. 이처럼 살은 다양한 개체화의 가능성을 품고 있다. 그런 점에서 살은 존재의 근원적 요소가 된다.

몸들 각각이 얽혀서 익명적 혹은 잠재성으로 자리할 때 그것은 살이 될 것인데, 그런 의미에서 몸은 몸주체이면서 몸 살이라고 하겠다. 마찬가지로 몸들인 세계는 세계 살로서 교차되어 얽힌 하나의 덩어리일 것이다. 고유한 몸은 독립적인 개체성을 유지하려 하지만, 그것이 가능한 근거는 몸이 살적 존재이기 때문이다. 이렇게 고유한 몸의 개체성은 바로 세계 살에 의해서 이해될 수 있다.

몸 살과 세계 살 사이에는 일종의 감정이입Einfuhlung이 있다. 또한 이들 사이에는 다양한 어긋남들이 있어서, 다양한 몸들의 표현이 가능해지는 것이다. 살이란 촉감들의 총합도 아니고, 또한 촉감들과 근육운동 감각들의 총합도 아니며, ‘할 수 있음’으로서의 힘들이다.

29 가역성la reversibilite 프, 교차배어, 키아즘chiasm 프

살의 존재 현상을 설명하기 위해 메를로-퐁티는 살의 가역성la reversibilite을 말한다. 고유한 몸의 이중 감각에서도 설명했지만, 내가 오른 손으로 왼손을 잡을 때, 나의 두 손은 원리상 가역적이다. 양손을 맞잡고 있지만, 나의 각각의 손은 만지고 만져지기 때문이다. 그것은 내가 주체일 때 타인이 대상이 되고, 또 타인이 주체일 때 내가 대상이 될 수 있다는 의미에서의 상호주체가 아니라, 나는 동시에 주체이면서 대상이라는 것이다. 내가 몸 살인 이유가 바로 여기에 있다.

몸과 세계의 관계에서 주체성을 획득하는 고유한 몸은 개별화되지만, 살은 모든 몸들의 공통된 조직이다. 세계 속에서 주체와 대상이 불가피하게 분리될 수 없다는 점에서, 살은 보는 자와 가시적인 것, 지각함과 지각됨 사이에서 가역성의 요소이고 장소이다.

교차배어란 안과 밖의 분리될 수 없는 것을 의미한

* **몸은 개별적이고 고유한 몸이지만 동시에 일반적 몸이기도 한다.** 장 오귀스트 도미니크 앵그르(Jean-Auguste-Dominique Ingres), <발팽송의 목욕하는 여인, Baigneuse de Valpinçon>, 146x97cm, 1808, 루브르박물관.

다. 그것은 지각함과 지각됨이다. 육화된 의식으로의 지각 작용은 '보이는 것'과 '보이지 않는 것보이지 않음'의 교차Chiasmus에 의해서 이루어진다. 그리고 살이 여는 세계와 세계에 의해 열리는 살은 교차되어 총괄된다. 이처럼 교차배어법은 세계와 살에 의해서 형성되므로, 존재론적인 요소적 체계이다. 살은 가역성과 교차배어법의 열림이며 세계와 살의 서로 뒤섞임l'Ineinander이다. 그리해 살은 모든 존재들les etres의 의미를 드러낸다.

나가는 글

이 책은 현상학 공부를 시작하는 초보자를 위한 개념 설명서에 해당한다. 그러나 이 책은 단순히 개념 설명에 머물기보다는 현상학적 의미를 강조하기 위한 설명에 더 많은 할애를 하고 있다. 특히 후설로부터 시작된 현상학이 메를로-퐁티에 이르러서야 현상학적 의미와 윤곽이 선명해졌다는 관점에서 쓰였다. 메를로-퐁티의 현상학은 현대 철학의 새로운 조류를 형성하는 데 중요한 디딤돌이 되었기 때문이다. 메를로-퐁티의 몸주체 개념은 비인간 존재들의 몸마저 주체로서의 권리를 회복할 수 있게 한다. 따라서 평평한 존재론의 단초를 제공한 선구자로서 보아도 될 것 같다.

살펴보았던 것처럼 메를로-퐁티는 주체 개념을 포기하지 않는다. 그가 죽음의 순간까지 데카르트를 놓지 않았던 이유이기도 하다. 후설 또한 데카르트의 방법적 회의를 따라 선험적 환원을 시도했으니, 데카르트가 현상학에 미치는 영향은 매우 크다. 후설의 환원은 메를로-퐁티에게 비판되었지만, 메를로-퐁티의 주체 개념은 여전히 우리에게 유의미하다. 왜냐하면 메를로-퐁티에게 주체는 능동성을 의미했기 때문이다.

주체라는 말이 가지는 본래적인 의미를 생각한다면, 주체는 위험한 개념이기는 하다. 왜냐하면 메를로-퐁티가 지각장이나 게슈탈트 이론을 통해서 설명하려고 한 것들, 좀 더 구체적으로 말하자면 존재자들의 고유성과 다양성의 인정과 이들이 엮어 가는 세계상이 위배될 가능성이 있는 개념이기 때문이다. 주체 개념에는 실체 개념을 내포되어 있다. 그러나 메를로-퐁티에게 전통적인 의미에서의 실체는 없다. 다만 특정 형상을 가진 개별자를 표현하고자 한다면, 그것은 차라리 시몽동이 말하는 '개체화'라는 것이 더 적절할지 모른다. 그럼에도 불구하고 우리는 아직 주체를 대신할 능동적인 개념을 확정 짓는 데 합의하지 못했다.

전문적인 용어라 많은 사례들을 넣으려 노력했다. 현상학이 후설로부터 시작되지만, 현대의 신유물론과 포스트휴먼의 논의에까지 철학적 근거로서 유의미하게 확장된다는 점에서, 이 책을 읽는 독자가 여기에 소개되는 개념들을 가지고 마음껏 가지고 놀기를 바란다. 각각의 현상학자들 특유의 개념 안에 갇히기보다는 이 개념들을 토대로 해서 현상학적 사유를 확장해 나가는 것이 사실상 이 책의 목적이었다.

이 책에 소개된 개념들만으로 현상학에 입문한다는 것은 충분하지는 않을 것이다. 너무 많은 개념들을 분절해 설명하는 것보다는 개념들의 연결고리를 만들어 가면서 대표적인 개념들을 부각하는 것이 효과적일 것이라 생각했다. 사례들이 충분치 못하지만, 독자들이 개념들을 이해하면서 다양한 사례들을 그려나갈 수 있을 것이라 기대한다.

이 책을 읽으면서 독자들은 현상학자들 사이의 간극이 얼마만큼 벌어져 있으며, 그 결이 얼마나 다른지도 확인하게 될 것이다. 후설에서부터 메를로-퐁티에 이르기까지, 그때와 다른 환경과 기술 시대에 살고 있는 우리의 삶이 어떻게 생활 세계 혹은 지각 세계를 확장하고 변신시키고 있는지, 혹은 현상학적 방법에서 미처 우리가 논하지 못한 부분은 없었는지 관심을 가지게 되는 계기가 되면 더없이 좋겠다.

참고문헌

- 메를로-퐁티,『행동의 구조』, 김용권 옮김, 동문선, 2008.
- 메를로-퐁티,『보이는 것과 보이지 않는 것』, 남수인, 최의영 옮김, 동문선, 2004.
- 메를로-퐁티,『지각의 현상학』, 류의근 옮김, 문학과 지성사, 2020.
- 메를로-퐁티,『현상학과 예술』, 오병남 옮김, 서광사, 2001,
- 메를로-퐁티,『의미와 무의미』, 권혁민 옮김, 서광사, 1985.
- 사르트르,『존재와 무』, 정소성 옮김, 동서문화사, 2009.
- 하이데거,『존재와 시간』, 이기상 옮김, 까치, 1998.
- 카푸토,『마르틴 하이데거 and 토마스 아퀴나스』, 정은해 옮김, 시간과 공간사, 1993.
- 후설,『시간의식』, 이종훈 옮김, 한길사, 1996.
- 후설,『유럽학문의 위기와 선험적 현상학』, 이종훈 옮김, 이론과 실천, 1993.
- 후설,『현상학의 이념, 엄밀한 학으로서의 철학』, 이종훈 옮김, 서광사, 1987.
- 후설,『순수현상학과 현상학적 철학의 이념들 1』, 최경호 옮김, 한길사, 2009.
- 후설, 오이겐 핑크,『데카르트적 성찰』, 이종훈 옮김, 한길사, 2016.
- 백종현,「칸트철학에서 '선험적'과 '초월적' 개념 그리고 번역어 문제」, 한국칸트학회 논문집,『칸트연구』제 25집, 2010.

찾아보기

ㄱ

가역성(la reversibilite) 187
감각 11, 47, 99, 153, 164, 187
객관적 세계 161
객관적 시간 87, 93, 161, 169
게슈탈트 이론 29, 37, 55, 103, 191
결여적 변양 52
경험론자 45, 99
경험적 자아 75, 113, 115, 118
고유한 몸 71, 109, 112, 165, 186, 188
공동주관성 11, 160, 161
과거 파지 91, 93
과거 파지(Retention) 91
교차배어 11, 187, 189
근원 인상 91, 93
근원 인상(Urimpression) 91
기술 33, 54, 77, 78, 81, 97, 104, 192

ㄴ

내재적 지각 125
내재적 초월 125
내적 시간 의식의 구조 85
내적 지각 125
노에마 75, 81, 85, 88, 125, 135
노에시스 50, 75, 84, 116, 135
뇌의 가소성(可塑性, plasticity) 156

ㄷ

다양한 변경체 48
대상극 87, 116

ㅁ

명증성 10, 19, 59, 66, 118
명증적 60, 61
몸 94, 105, 111, 159
몸의 지향성 95
몸주체 11, 36, 105, 146, 176, 186, 190
몸지향성 11, 89, 94, 95, 96
몸틀 110, 151, 156, 175, 176

ㅂ

방법적 회의 5, 66, 114, 190
변경체 48, 61
본질 53, 78, 129
본질 직관 59, 74, 76, 118, 170
본질 직관(이념화 작용) 118
본질 파악 16, 69, 118
비결정론자 183
비내실적 내재 125

ㅅ

사물 자체(nach den Sachen selbst) 74
사실 23, 47, 71, 78, 139, 191
사실 자체 72, 73, 77
살 185, 189
상호몸성 11, 162, 163
상호몸성(intercorporéite) 162
상호주관성 11, 160, 161, 162
상황 58, 96, 103, 126, 152, 182
상황의 공간성 112, 152
생활 세계 20, 31, 67, 168, 174
선험적 119
선험적 자아의 구조 75
선험적 주관성 23, 65, 82, 118
선험적(초월적)자아 114
선험적(초월적) 환원 70, 71
선험적 환원 67, 69, 71, 190
설명 31, 53, 118, 149, 174, 191
세계-에로-존재 35, 103, 167, 175
순수 인상(la pure impression) 99
순수자아 44, 84, 87
순수 형상(본질) 129
습관 95, 149, 150, 154, 156
습득성 115
습득성(Habitualiten) 115
시간 의식 10, 85, 90, 91, 93
실재성 11, 85, 128, 131, 146
실재(esse) 131
실존적 존재 27, 165
심리학주의(心理學主義, Psychologismus) 16

ㅇ

아펙투스(경향, 影响, Affectus) 146
아 프리오리 121, 123, 124
엄밀한 학으로서의 철학 17, 194
엄밀함 19
예료(豫料, Antizipation) 135
원본성 91
의미 대상 7, 50, 80, 81, 88, 125
의식 10, 35, 48, 70, 107, 121, 146, 194
의식 지향성 35, 80, 89, 95
의식 현상 80, 83, 90, 113
이데아 43, 70, 72
이데아계 43
인격주의적 태도 11, 139, 141
인식론 17, 42, 45, 99, 105, 151

ㅈ

자기의식 28, 113
자아극 87, 116
자연 24, 36, 105, 134, 147, 156, 169
자연적 태도 11, 63, 139, 169
자연주의적 태도 11, 24, 139
자유 16, 55, 74, 149, 180, 182
자유로운 변경 50, 55
자유 변경 74, 110

자유의지론자 183
장애 109, 149, 153, 159
전형(典型) 75
정형 75
조건 지어진 자유 11, 180, 181, 183
존재자(ens) 131
주관성 11, 19, 49, 73, 113, 136, 162
중립성 91
지각 25, 48, 100, 114, 152, 173, 176, 189
지각 세계 11, 29, 174, 175, 176, 192
지각의 주체 103
지각장 100, 133, 135, 165, 182, 191
지각적 장 11, 103, 137, 138
지평 11, 101, 133, 135, 160, 169
지평인 세계 101
지평 지향성(horizontal intentionality) 135
지향궁 94, 95, 96
지향성 7, 11, 35, 80, 81, 91, 135, 145
지향적 구조 10, 80, 83, 87, 116, 133
지향적 궁 165
지향적 내재 75, 125
지향호 95, 96
직관 10, 48, 74, 76, 118, 135, 170
질료(Hyle) 85

ㅊ

초월 29, 69, 70, 114, 120, 136, 194
초월적 69, 72, 114, 119, 121, 143, 194
초험적 120, 121
충전적 명증 61

ㅋ

코나투스 145, 146

ㅌ

트랜젠덴탈 119, 120, 121
트러블 159

ㅍ

파이노메논 51
판단 중지 19, 65, 70, 75, 87, 118, 169
포텐츠(potenz) 146
필증적 119
필증적 명증 61
필증적(apodiktisch) 118

ㅎ

합리론자 6, 45, 59
현상 42, 50, 51, 52
현상론 16, 41, 42
현상적 몸 109, 155
현상적 장 55, 58
현상학 51, 76
현상학의 이념 17, 194
현상학적 환원 33, 66, 69, 125

현실태(actualitas, 에네르게이아) 131
현존재 21, 24, 131
형상적 환원 33, 69, 75
환경 31, 96, 138, 143, 176, 192
환상지 11, 153, 154, 155
환원 29, 54, 70, 75, 114, 169, 190
회상 59, 61, 87, 88, 99

내 머리말의 자유

2022년 8월 11일 초판 1쇄 발행

지은이	심귀연
펴낸이	권순기
부장	김경민
행정팀장	장은옥
편집	이가람
디자인	이희은

펴낸곳	경상국립대학교출판부 | 출판등록 1989년 1월 7일 제16호
주소	경남 진주시 진주대로 501
전화번호	055) 772-0801(편집), 0802(디자인), 0803(도서 주문)
팩스	055) 772-0809
전자우편	gspress@gnu.ac.kr
홈페이지	http://gspress.gnu.ac.kr
페이스북	https://www.facebook.com/gnupub
블로그	https://blog.naver.com/gnupress12
인스타그램	https://www.instagram.com/gnupress

이 책 본문에 을유1945체가 사용되었습니다.

책값은 뒤표지에 있습니다.